Katrin Wemmer

BRAVO & Co.

Jugendzeitschriften im Deutschunterricht

Sekundarstufe I

Mit Kopiervorlagen

Persen Verlag GmbH

Ein liebevolles Dankeschön an Jörn,
der mich für dieses Buch
an unzähligen Abenden und Wochenenden
mit meinem Computer teilen musste …

Katrin Wemmer

Gedruckt auf umweltbewusst gefertigtem, chlorfrei gebleichtem
und alterungsbeständigem Papier.

2. Auflage. 2008
Nach den seit 2006 amtlich gültigen Regelungen der Rechtschreibung

Illustrationen: Julia Flasche
Satz: Ludwig Auer GmbH, Donauwörth
Überarbeitung: MouseDesign Medien AG, Zeven

ISBN 978-3-8344-**3720**-4

www.persen.de

Inhalt

1. Vorwort

Kinder und Jugendliche, so belegen zahlreiche Untersuchungen (z. B. der Stiftung Lesen), greifen heute immer weniger zu Büchern und lesen sehr wenig. 42 Prozent aller 15-Jährigen lesen niemals zum Vergnügen. Der Umfang der gelesenen Texte und Bücher und die **Entwicklung von Lesekompetenz** stehen jedoch in einem engen Zusammenhang (vgl. Bamberger, 2000). Lesen ist eine Kulturtechnik, die es den Kindern ermöglicht, am sozialen und kulturellen Leben unserer Gesellschaft teilzunehmen. Zugleich bietet das Lesen für Kinder auch die Möglichkeit, Erlebnisse, Ängste und Gefühle zu verarbeiten, damit besser umzugehen und neue Perspektiven zu entwickeln (vgl. Steitz-Kallenbach, o. J.). Lesekompetenz ist demnach „nicht nur ein wichtiges Hilfsmittel für das Erreichen persönlicher Ziele, sondern eine Bedingung für die Weiterentwicklung des eigenen Wissens und der eigenen Fähigkeiten – also jeder Art selbstständigen Lernens – und eine Voraussetzung für die Teilnahme am gesellschaftlichen Leben“ (Baumert, 2001, S. 70). Lesekompetenz stellt eine zentrale Fähigkeit für den kompetenten und selbstbestimmten Gebrauch aller Medien dar. Dementsprechend bedeutet eine geringe Lesefähigkeit einen großen Chancennachteil und wird zunehmend als soziales und politisches Problem ernst genommen (vgl. Baumert, 2001).
Förderung und Sicherung der Lesemotivation sind entsprechend dem Konzept von Steitz-Kallenbach sowie Payrhuber (2002) Ziele der Leseförderung. Auch das deutsche PISA-Konsortium (Baumert, 2001) räumt der Lesemotivation sowie der „Etablierung von leseförderlichen Haltungen und Gewohnheiten“ einen hohen Stellenwert ein und bezeichnet sie als „zentralen Faktor zur Förderung von Lesekompetenz“. Neben der Lesemotivation sind weitere **Ziele der Leseförderung** die Erweiterung der Lesekompetenz, die Verknüpfung von Lese- und anderen Medienerfahrungen sowie die Vermittlung von Lesefreude.
Meine Erfahrungen im Unterricht an einer Förderschule mit dem Förderschwerpunkt Lernen decken sich mit zahlreichen Untersuchungen: die Leseleistungen der Schülerinnen und Schüler sind häufig sehr schwach und sie haben wenig Motivation, sich mit dem Lesen und Schreiben zu beschäftigen. Viele Schülerinnen und Schüler wachsen heutzutage nicht selten in einer Welt ohne Bücher auf. Sie werden oft nur in der Schule mit Büchern konfrontiert und beschäftigen sich notgedrungen damit. Ich habe die Erfahrung gemacht (und mit mir sicherlich viele andere), dass den Schülerinnen und Schülern bei der „klassischen“ Unterrichtslektüre häufig der **Bezug zu ihrer Lebenswirklichkeit** fehlt. Der individuelle Nutzen der Beschäftigung mit dem „verordneten“ Lesestoff wird oftmals nicht deutlich. Auf dieser Grundlage lässt sich jedoch keine **positive Lesehaltung** bei den Schülerinnen und Schülern aufbauen.
Deshalb ist es notwendig, nach Alternativen zu suchen, die **Anreize zum Lesen und zur Beschäftigung mit Texten als Medium** geben. Auf der Suche nach Alternativen bin ich auf das Medium „Jugendzeitschrift“ gestoßen. Im Gegensatz zu Büchern werden diese von vielen Schülerinnen und Schülern mit Interesse gelesen. Zwar zählen sie zweifelsohne nicht zur niveauvollen und anspruchsvollen Literatur, aber sie haben einen ganz entscheidenden Vorteil: Die Schülerinnen und Schüler *wollen* sie lesen und sich damit auseinandersetzen. **Jugendzeitschriften sind Teil ihrer Jugendkultur.** In den Texten der Jugendzeitschriften wird ihre Sprache verwendet, aktuelle Themen ihrer Lebenswirklichkeit werden angesprochen und über Stars und Sternchen berichtet, denen sie tagtäglich in anderen Medien begegnen.
Wenn man Schülerinnen und Schüler dazu bewegen möchte, sich aus eigener Motivation heraus mit Texten zu beschäftigen, dann muss man auch ihre Motivation im Blick haben und neue Wege gehen. Jugendzeitschriften sind ein erster Schritt in Richtung **„Aufbau einer Lese- und Schreibmotivation“**.

Zugleich bietet die Thematisierung von Jugendzeitschriften im Unterricht die Möglichkeit, im Rahmen der **Medienerziehung** eine kritische und reflektierte Haltung gegenüber Printmedien und den damit zusammenhängenden Aspekten aufzubauen sowie Inhalte und vermittelte Ideologien zu hinterfragen.

Jugendzeitschriften ermöglichen also das, was in den **Kernlehrplänen** gefordert wird: Der Deutschunterricht schafft für die Schülerinnen und Schüler einen Zugang zu Texten, hilft ihnen, diese zu verstehen, Informationen zu entnehmen, die Wirkungsweisen von Medien zu kennen und einzuschätzen und somit Lesekompetenz zu entwickeln. In Finnland, einem Land der „Pisa-Gewinner“, gehören Zeitungen und Zeitschriften neben Büchern ganz selbstverständlich zum Lesestoff in der Schule.
Auch die Stiftung Lesen hat die breit gefächerten Möglichkeiten von Jugendzeitschriften für den Unterricht erkannt und im Frühjahr 2004 gemeinsam mit der Stiftung Presse-Grosso (unterstützt von allen deutschen Pressegrossisten und dem Verband Deutscher Zeitschriftenverleger), das bundesweite **Projekt „Zeitschriften in die Schulen“** ins Leben gerufen. Man kann sich für dieses Projekt, das immer im Frühjahr stattfindet, bei der Stiftung Lesen (www.stiftung-lesen.de) anmelden und erhält vier Wochen lang aktuelle, thematisch breit gefächerte Zeitschriftenboxen. Zudem erhalten Lehrerinnen und Lehrer, die sich mit ihren Schulklassen an dem Projekt „Zeitschriften in die Schulen“ beteiligen, eine 54-seitige Broschüre mit Ideen für den Unterricht.
Aber auch, wenn man Zeitschriften zu einem anderen Zeitpunkt des Schuljahres im Unterricht thematisieren möchte, muss man sie nicht jede Woche kaufen. Als ich das Projekt das erste Mal durchgeführt habe (die bundesweite Aktion der Stiftung Lesen gab es da noch nicht), habe ich diverse große **Zeitschriftenverlage** angeschrieben und um Unterstützung gebeten. Alle angeschriebenen Verlage reagierten sofort und schickten mir verschiedene Ausgaben der gängigen Jugendzeitschriften. Die Zeitschriften, die ich kostenlos zugeschickt bekam, waren allerdings nicht tagesaktuell, sondern teilweise bis zu zwei Wochen alt. Dafür waren in der Regel auch mehrere Exemplare einer Zeitschrift vorhanden, sodass auch Gruppenarbeiten mit gleichen Aufgabenstellungen möglich waren.

Ergebnisse einer wissenschaftlichen Begleituntersuchung zu der Kampagne „Zeitschriften an die Schulen“ der Stiftung Lesen zeigen, dass Jugendzeitschriften im Unterricht gut angenommen werden. „82 % der Jüngeren und 78 % der Älteren bewerten die Aktion mit „sehr gut“ bzw. „gut“. „Befriedigend“ war sie für 12 % der Jüngeren und 15 % der Älteren. Die durchschnittliche Bewertung liegt zwischen den Noten 1,7 und 1,9. Die Aufschlüsselung nach Schularten belegt, dass jüngere Schüler die Aktion tendenziell noch besser bewerten als ältere. (...) ... die Aussage „Zeitschriften sollen in der Schule genauso als Lesestoff angeboten werden wie Bücher“ (erhielt) mit durchschnittlich 65 % die meiste Zustimmung, von den Jüngeren noch mehr als von den Älteren. 62 % der Älteren sagen „Zeitschriften sind aktueller als Bücher und deshalb eine gute Ergänzung“. Im Durchschnitt 63 % der Schüler finden: „Man erfährt mehr über aktuelle Ereignisse und Themen, die Jugendliche interessieren“ (Forschungsdienst Lesen und Medien Nr. 25, 2004).

2. Konzeption

Meine ursprüngliche Intention war der **Aufbau von Lesemotivation** und damit eine **Förderung der Lesekompetenz** meiner Schülerinnen und Schüler. Ich wollte die Texte über Stars nutzen, um das Textverständnis und die Fähigkeit zum sinnentnehmenden Lesen zu fördern. Bei einer näheren Beschäftigung mit dem Medium wurde jedoch schnell deutlich, dass Jugendzeitschriften ebenso vielfältige Schreibanlässe und Grundlagen für Unterrichtsgespräche und Diskussionen bieten. Die Motivation der Schülerinnen und Schüler war so enorm hoch und anhaltend, dass ich das Medium „Jugendzeitschrift" über viele Wochen immer wieder für **unterschiedliche Aspekte und Lernziele im Deutschunterricht** genutzt habe. Um die Einheiten miteinander zu verbinden, und um vor allem für die Aufgaben zur Textproduktion die Motivation noch zu erhöhen, wurde als Ziel der Unterrichtsreihe die Erstellung einer eigenen Jugendzeitschrift gesetzt. Dafür sollten die Arbeitsergebnisse gesammelt und dann zu einer Zeitschrift zusammengefügt werden.

Kriterien für den Einsatz von Jugendzeitschriften im Unterricht waren für mich:

- Förderung der Lesemotivation durch Einbeziehung von Alltagstexten mit für die Schüler relevanten und bedeutsamen Inhalten
- Förderung der Schreibmotivation im Sinne von kreativem Schreiben
- kreativer Umgang mit Texten und Bildern
- fächerverbindendes und projektorientiertes Arbeiten im Unterricht
- selbstgesteuertes und selbstverantwortliches Lernen
- Berücksichtigung der Interessen und Ausdrucksmöglichkeiten der Schülerinnen und Schüler
- Auseinandersetzung und Verarbeitung von altersspezifischen Themen und Problemen zur Lebensbewältigung
- Entwicklung bzw. Förderung der Kooperationsfähigkeit
- Schulung vielfältiger medialer Kompetenzen

Jugendzeitschriften im Unterricht beziehen alle Bereiche des Deutschunterrichtes mit ein und tragen vielseitig und breit gefächert zum Erlangen der in den neuen Kernlehrplänen geforderten Fähigkeiten und Kompetenzen bei.

Schwerpunkte der Materialsammlung sind die drei Bereiche:

Lesen – Umgang mit Texten und Medien

Schreiben

Reflexion über Sprache

Der Bereich ***Sprechen und Zuhören*** ist in unterschiedlicher Gewichtung Bestandteil jeder Unterrichtseinheit.

Eine klare Trennung bzw. Zuordnung ist nicht immer möglich, da eine Einordnung in die jeweiligen Bereiche auch von der individuellen Schwerpunktsetzung für die Unterrichtssequenz abhängt.

Hinzu kommen, im Sinne eines fächerübergreifenden Unterrichtes, die Bereiche

Kunst und ***Sexualerziehung***

2.1 Bezug zu den Kompetenzerwartungen des Kernlehrplanes Deutsch

Der Bereich ***Lesen – Umgang mit Texten und Medien*** umfasst folgende Aspekte (vgl. Kernlehrpläne Hauptschule/Realschule/Gesamtschule/Gymnasium, 2004):

- Lesetechniken und -strategien
- komplexe Texte sinnerfassend lesen
- verschiedene Informationen entnehmen und zueinander in Beziehung setzen
- Wörter und Begriffe im Kontext klären

- Aussagen erklären und konkretisieren, Stichwörter formulieren, Texte und Textabschnitte zusammenfassen
- ein allgemeines Verständnis des Textes entwickeln
- Schlussfolgerungen ziehen
- Textaussagen zu eigenen Wissensbeständen in Beziehung setzen
- Beziehungen zwischen Inhalt, Sprache und Form eines Textes herstellen
- Textaussagen bewerten
- Überschriften formulieren
- Umgang mit Sachtexten und Medien
- Informations- und Unterhaltungsfunktion unterscheiden
- mithilfe von Leitfragen Informationsvermittlung, Wirklichkeitsdarstellung und Meinungsbildung in Texten der Massenmedien untersuchen
- Gedichte unter Berücksichtigung einfacher formaler und sprachlicher Beobachtungen untersuchen

Der Bereich ***Schreiben*** umfasst folgende Aspekte (vgl. Kernlehrpläne Hauptschule/Realschule/Gesamtschule/Gymnasium, 2004):

- Schreiben als Prozess: Schülerinnen und Schüler setzen sich ein Schreibziel und wenden elementare Methoden der Textplanung, Textformulierung (z. B. Notizen, Stichwörter) und Textüberarbeitung an (insbesondere in Schreibkonferenzen, einschließlich der rechtschriftlichen Überarbeitung; eigene Texte dem Zweck entsprechend und adressatengerecht gestalten, sinnvoll aufbauen und strukturieren)
- Texte schreiben: Erlebnisse und Begebenheiten frei oder nach Vorlagen anschaulich und lebendig erzählen. Erzähltechniken in Ansätzen anwenden
- über einfache Sachverhalte informieren und dabei die Gestaltungsmittel einer sachbezogenen Darstellung anwenden (Sachlichkeit, Vollständigkeit, Reihenfolge, Tempus etc.)
- über ein Ereignis berichten (z. B. eigene Erfahrungen mit Personen, Tieren, Beobachtungen in anderen Ländern; über ein Buch, eine CD, ein Konzert)
- Beschreibungen erstellen (z. B. Personen, Tiere, Gegenstände und Vorgänge)
- eigene Meinungen zu vorgegebenen Situationen formulieren und begründen (z. B. in einem argumentierenden Text, in einer Diskussion zu einem jugendspezifischen Thema)
- einfache appellative Texte verfassen (z. B. Briefe, Einladungen, Kleinanzeigen)
- den Inhalt kürzerer Texte/Textausschnitte in eigenen Worten wiedergeben
- Fragen zu Texten entwickeln und beantworten und Aussagen belegen
- produktionsorientiertes Schreiben
- Geschichten und Gedichte nachgestalten, umformulieren, Texte produzieren mithilfe vorgegebener Textteile (bildliche Elemente, z. B. Comic, Fotostory als Ergänzung von Texten nutzen; z. B. Sprachspiele, konkrete Poesie entwerfen, erproben und variieren; Texte in geeigneter Form präsentieren)

Der Bereich ***Reflexion über Sprache*** umfasst folgende Aspekte (vgl. Kernlehrpläne Hauptschule/Realschule/Gesamtschule/Gymnasium, 2004):

- Sprache als Mittel der Verständigung
- Grundlegende Textfunktionen erfassen, insbesondere Information (z. B. Zeitungstext), Regulierung (z. B. Gesetzestext), Appell (z. B. Werbeanzeige), ästhetische Funktion (z. B. Gedicht), Kontakt (z. B. Leserbrief, Beschwerde)
- zwischen mündlichem und schriftlichem Sprachgebrauch unterscheiden (Wortwahl; Stilebene, auch Abkürzungen; bewusste Wahl der Satzgliedfolge, Standard- und Umgangssprache)
- von der sprachlichen Form einer Äußerung auf die mögliche Absicht ihres Verfassers schließen
- Kenntnisse über Funktion und Bedeutung von Wörtern, Formen der Verbflexion und Varianten der Syntax für die Untersuchung von Texten und das Schreiben eigener Texte nutzen (z. B. stilistische Varianten unterscheiden und ausprobieren, Fachvokabular bei der Sprachanalyse korrekt verwenden)
- sicher zwischen begrifflichem und bildlichem Sprachgebrauch unterscheiden (ausgewählte rhetorische Mittel kennen)
- sprachliche Verfahren beherrschen und diese beschreiben können (z. B. Textwiedergabe; Gedanken in argumentierenden Texten verknüpfen; gedankliche Struktur eines Textes herausarbeiten)
- Sprachvarianten reflektieren (z. B. Standard-, Fach-, Umgangs-, Jugendsprache, Dialekte) und über vertiefte Kenntnisse verfügen in Bezug auf Gebrauch, Bedeutung und Wandel von Wörtern und Formulierungen (z. B. sprachliche Trends, Political Correctness)
- Grundregeln der Rechtschreibung und Zeichensetzung sicher beherrschen und häufig vorkommende Wörter, Fremdwörter und Fachbegriffe richtig schreiben

Der Bereich ***Sprechen und Zuhören*** umfasst folgende Aspekte (vgl. Kernlehrpläne Hauptschule/Realschule/Gesamtschule/Gymnasium, 2004):

- anschaulich und verständlich über Sachverhalte oder über Arbeitsergebnisse informieren
- Wünsche und Forderungen angemessen vortragen
- eigene Meinungen formulieren und sie vertreten
- Gesprächsregeln für die Gesprächsführung vereinbaren und auf deren Einhaltung achten (z. B. in einer Diskussion andere zu Wort kommen lassen, aufmerksam zuhören, auf die Äußerungen anderer eingehen)
- aufmerksam zuhören und sach- und situationsbezogen auf andere reagieren, fremde Positionen respektieren und Kompromisse erarbeiten
- Sie beteiligen sich mit differenzierten Beiträgen an Diskussionen. Sie leiten, moderieren und beobachten Gespräche (z. B. einen Dialog, ein Streitgespräch, eine Debatte, ein Rundgespräch, eine Pro- und Kontra-Diskussion strukturieren, in dem Gespräch nachfragen, Denkanstöße geben, zielorientiert zusammenfassen)
- beim szenischen Spiel verbale und nonverbale Mittel einsetzen und deren Wirkung erproben

Der Bereich ***Kunst*** umfasst die Aspekte:

- Techniken zur bildnerischen Gestaltung kennenlernen
- Künstlerisch-ästhetische Phänomene gestaltend verstehen lernen
- sich mit Stil- und Kunstrichtungen und Künstlern auseinandersetzen

Der Bereich ***Sexualerziehung*** kann je nach Schwerpunktsetzung folgende Aspekte umfassen (vgl. Richtlinien und Lehrpläne für die Sekundarstufe I, Gesamtschule, 1999):

- körperliche und seelische Veränderungen während der Pubertät, primäre und sekundäre Geschlechtsmerkmale
- Umgang von Jungen und Mädchen miteinander: Freundschaft, Verliebtsein, Lieben und Geliebtwerden, Zuneigung, Rivalität
- Verhaltensweisen bei Jungen und Mädchen: Sexuelle Begegnungen (Geschlechtsverkehr, Koitus, Orgasmus, Petting), sexuelle Reaktionen von Frau und Mann, Geschlechterrollen in der Gesellschaft
- Umgang miteinander: Kontakte zu Gleichaltrigen und Erwachsenen, Bindungen mit anderen, emotionale Erlebnisse im Zusammenhang mit Sexualität
- sexuelle Lebensweisen kennenlernen
- AIDS, Geschlechtskrankheiten: Arten von Geschlechtskrankheiten, Vermeidung und Bekämpfung, Verantwortung

2.2 Intention und Aufbau der Materialsammlung

Diese Materialsammlung beinhaltet überwiegend Unterrichtsequenzen in Form von **Stundenskizzen**, die ich selbst durchgeführt habe. Sie ist eine Auswahl an Umsetzungsmöglichkeiten des Themas „Jugendzeitschriften im Deutschunterricht". Die Materialsammlung soll Anregungen geben und kann neben ihrem exemplarischen Charakter Grundlage für die Entwicklung eigener Umsetzungsideen sein. Ursprünglich habe ich die Unterrichtseinheiten in einer Klasse 10 einer Förderschule mit dem Förderschwerpunkt Lernen durchgeführt. Die Unterrichtsideen können jedoch mit entsprechenden Akzentuierungen in allen Schularten und Klassen der Sekundarstufe I eingesetzt werden.

Der überwiegende Teil der Unterrichtsideen berücksichtigt die **Zeitschrift im Unterricht als Unterrichtsgegenstand**, d. h. sie wird zu Analysen im Sinne der Medienerziehung, zur handlungsorientierten Auseinandersetzung mit Texten und als Ideenpool für Schreibanlässe genutzt.

Der Aspekt der Jugendzeitschrift als Unterrichtsmittel, d. h. als Ergänzung zum Schulbuch und als Quellen- und Informationsmaterial wurde weitgehend unberücksichtigt gelassen. Dies hängt damit zusammen, dass immer mit aktuellen Zeitschriften gearbeitet wird (werden sollte!), deren Inhalte und Themenschwerpunkte natürlich variabel sind. Es kann im Rahmen dieser Ideensammlung nur der Hinweis gegeben werden, dass Zeitschriften ein sehr umfassendes Angebot an Themen bieten, die meist aktueller und für die Schülerinnen und Schüler oft auch spannender aufbereitet sind, als in Schulbüchern.

Der *erste Teil* der Materialsammlung beinhaltet Unterrichtsideen zur Analyse diverser Zeitschriften vor allem mit den Schwerpunkten Themenvielfalt, Werbung, formale Gestaltung und Adressatenbezug. Im *zweiten Teil* werden

Möglichkeiten aufgezeigt, die Fähigkeit des sinnentnehmenden Lesens sowie die aktive Auseinandersetzung mit Texten zu fördern. Beides fällt unter den Bereich „Lesen – Umgang mit Texten und Medien“ und ist daher mit dem entsprechenden Symbol gekennzeichnet.

Der *dritte Teil* lässt sich dem Bereich „Schreiben“ zuordnen und beinhaltet zahlreiche Ideen, wie die Schülerinnen und Schüler, basierend auf den Angeboten der diversen Jugendzeitschriften, eigene Texte produzieren können.

Der *vierte Teil* besteht aus einer Analyse der Reportersprache aus dem Bereich Sport, sowie einem Stationsangebot zur Vorbereitung auf einen thematisch passenden Diktattext. Dieser Bereich „Reflexion über Sprache“ wird jedoch im Rahmen der „Jugendzeitschriften im Unterricht“ nicht nur isoliert behandelt, sondern ist auch ein wichtiges Element bei vielen der zuvor beschriebenen Unterrichtseinheiten zu den Bereichen „Lesen – Umgang mit Texten und Medien“ und „Schreiben“. Teilsequenzen zum Bereich Werbung hätten z. B. ebenfalls dem Bereich „Reflexion über Sprache“ zugeordnet werden können. Auf eine Zerpflückung der Unterrichtseinheiten wurde jedoch im Hinblick auf die Übersichtlichkeit der Materialien verzichtet.

Der *letzte Teil* beinhaltet Ideen zur Umsetzung in anderen Unterrichtsfächern mit Schwerpunkten im Bereich Kunst und Sexualerziehung.

Für jede Unterrichtssequenz finden sich Angaben zu benötigtem Material, voraussichtlichem Stundenumfang und notwendiger Vorbereitung. Die Piktogramme verweisen auf die Sozialformen:

 = Einzelarbeit,  = Partner- oder Gruppenarbeit.

Außerdem werden Angaben zu möglichen Lernzielen und der didaktisch-methodischen Gestaltung der Sequenz gemacht. Die Kopiervorlagen können zur Erarbeitung, als Hilfestellung im Unterricht oder zur Vertiefung als Hausaufgabe eingesetzt werden.

3. Arbeiten mit der Materialsammlung

Die Herangehensweise an das Medium „Jugendzeitschrift“ und deren Einbindung in den Unterricht kann sehr unterschiedlich sein. Man kann Jugendzeitschriften in Form eines Projektes thematisieren, sie als immer wiederkehrendes Medium für die Erarbeitung unterschiedlicher Kompetenzen im Deutschunterricht nutzen, oder auch nur einzelne Teilaspekte herausgreifen und diese vertieft bearbeiten.

3.1 Material und Vorbereitung

Die **Stundenskizzen** und **Kopiervorlagen** (KV) dieses Buches sind sehr allgemein gehalten, damit sie **auf unterschiedliche Jugendzeitschriften anwendbar** sind. Viele Unterrichtseinheiten sind ohne bzw. mit wenig zusätzlicher Vorbereitung durchführbar, bei anderen muss das Material entsprechend der Interessen der jeweiligen Klasse aufbereitet werden. In jedem Fall empfiehlt es sich, sich im Vorfeld der Unterrichtsreihe eingehend mit Jugendzeitschriften zu befassen und selbst auch einige Ausgaben zu lesen.

Eine Beschaffung von Zeitschriftenmaterial ist, wie bereits angesprochen, über die Teilnahme am Projekt „Zeitschriften an die Schulen“ der Stiftung Lesen und Presse-Grosso oder aber über die Kontaktaufnahme mit größeren Zeitschriftenverlagen möglich (aktuelle E-Mail-Adressen im Impressum der Zeitschriften). Zudem kann im Vorfeld bei den Schülerinnen und Schülern nachgefragt werden, ob diese Zeitschriften lesen und gegebenenfalls ältere Ausgaben als Ergänzung der vorhandenen Materialien zur Verfügung stellen.

3.2 Durchführung und didaktisch-methodische Gestaltung

Die einzelnen Unterrichtssequenzen sind so konzipiert, dass sie jeweils mit der **gesamten Klasse** erarbeitet und bearbeitet werden können. Es besteht aber durchaus auch die Möglichkeit, eine Auswahl der vorhandenen Unterrichtsideen im Rahmen einer Projekt-Werkstatt als Angebote für **einzelne Projektgruppen** zu gestalten. Jede dieser Gruppen arbeitet unabhängig von den anderen entsprechend ihrem Arbeitsauftrag auf ein **Produkt** hin, das am Ende des Projektes den anderen vorgestellt wird. Eine anschließende Zusammenstellung der Ergebnisse in einer gemeinsamen Jugendzeitschrift ist ebenfalls denkbar.

Den Schülerinnen und Schülern sollte bei der Bearbeitung der unterschiedlichen Aufgabenstellungen Raum gegeben werden für **eigene Ideen, Wünsche und Vorstellungen**. Sie sollen angeregt werden, sich selbstständig mit dem Medium auseinanderzusetzen und auch eigene Ideen in den Unterricht mit einzubringen. Bei der Gestaltung der Unterrichtssequenzen sollten unterschiedliche Methoden angewendet und das handlungsorientierte Arbeiten in den Vordergrund gerückt werden.

Wofür man sich auch entscheiden mag, es darf bei allem nicht unberücksichtigt bleiben, dass Jugendzeitschriften, neben Unterrichtsgegenstand und Unterrichtsmittel, für die Schülerinnen und Schüler auch und vor allem unterhaltsamer Lesestoff sind. Im Vorwort wurde bereits dargestellt, wie wichtig auch das Lesen zum Vergnügen für den Aufbau einer Lesemotivation und damit für den Erwerb von Lesekompetenz ist. Deshalb sollten immer wieder **freie Lesezeiten** eingeräumt und die Schülerinnen und Schüler dazu animiert werden, ohne jegliche Vorgaben und Arbeitsaufträge in den Zeitschriften zu stöbern. Vielleicht ergeben sich ja sogar aus diesen Lesezeiten heraus neue Anregungen seitens der Schülerinnen und Schüler für den weiteren Unterrichtsverlauf.

4. Unterrichtssequenzen

Übersicht über die Unterrichtssequenzen

Brainstorming

✓ **Zeit:** 1 Unterrichtsstunde

✓ **Material:** große Papierbögen (DIN A3), alternativ: KV (Seite 13) oder farbige Notizzettel

✓ **Vorbereitung:** keine

Lernziele:

- Methode des Brainstormings kennenlernen
- mit den eigenen Vorerfahrungen zu dem Thema Zeitschriften auseinandersetzen

Didaktisch-methodische Gestaltung:

Der Einstieg ins Thema soll bewusst offen gestaltet sein, da von Seiten der Schülerinnen und Schüler viele verschiedene Erwartungen, Ideen und Vorstellungen mit dem Thema Jugendzeitschriften verbunden sind. Diese können zunächst mithilfe eines Brainstormings kanalisiert und für den Aufbau der Unterrichtsreihe positiv genutzt werden.

Es können unterschiedliche Arbeitsaufträge erteilt werden, je nach eigener Zielsetzung für die Unterrichtsreihe. Einen guten Überblick über die Vorerfahrungen, Interessen und Motivationen der Schülerinnen und Schüler bezüglich der kommenden Unterrichtsreihe erhält man natürlich mit einer möglichst offenen Aufgabenstellung, z. B. „Schreibe alles auf, was dir zu dem Begriff Jugendzeitschriften einfällt." Eine mögliche engere Aufgabenstellung wäre z. B. „Schreibe alle Zeitschriften auf, die dir einfallen."

Die Papierbögen bzw. die Kopiervorlage sollten erst nach der Erläuterung der Aufgabenstellung ausgeteilt werden. Zudem sollte ein zeitlicher Rahmen von 3–5 Minuten gesetzt werden. Den Begriff, um den es bei dem Brainstorming geht, sollte man erst unmittelbar vor dem „Start" nennen, damit alle spontanen Ideen auch sofort zu Papier gebracht werden können. Nach Ablauf der zuvor festgelegten Zeit kann ein akustisches Signal gegeben werden. Für ein möglichst effektives Brainstorming ist es unbedingt notwendig, den Schülerinnen und Schülern zu vermitteln, dass es bezüglich der Antworten kein Richtig oder Falsch gibt. Auch im Nachhinein sollten alle Ergebnisse gleichwertig behandelt werden. Die Arbeitsergebnisse sollten am Ende der Stunde präsentiert werden und von allen eingesehen werden können.

Variation:

Alle Ideen werden auf kleine Notizzettel geschrieben, dies erleichtert das Sortieren/Clustern für die Mindmap.

Name: ______________________ **Datum:** ______________ KV

Brainstorming

Schreibe unten auf das Arbeitsblatt alle Zeitschriften auf, die dir einfallen. Wenn du den Titel nicht genau weißt, schreibe das auf, was dir dazu gerade einfällt.

Denke daran: Alles ist erlaubt!
Richtig und falsch gibt es bei einem Brainstorming nicht!

Mindmap

✓ **Zeit:** 1–2 Unterrichtsstunden

✓ **Material:** große Papierbögen/Plakatkarton, Filzstifte, KV (Seite 15)

✓ **Vorbereitung:** keine

Lernziele:

- Methode „Mindmap“ kennenlernen
- inhaltliche Auseinandersetzung und Gliederung des Themas
- Gemeinsamkeiten erkennen und Oberbegriffe bilden
- gegebenenfalls Struktur der Unterrichtsreihe erschließen

Didaktisch-methodische Gestaltung:

Das Erstellen einer Mindmap bietet sich im Anschluss an das Brainstorming an, da die zunächst ungeordneten Gedanken und Ideen, die beim Brainstorming zu Papier gebracht wurden, mithilfe einer Mindmap geordnet und strukturiert werden können. Zudem ist eine vertiefende inhaltliche Auseinandersetzung möglich, da Gemeinsamkeiten erkannt und unter den richtigen Oberbegriffen zusammengefasst werden müssen.

Für die Erstellung einer Mindmap bietet sich Partner- oder Gruppenarbeit an. Die Ergebnisse des Brainstormings können in der Gruppe verglichen und in einer gemeinsamen Mindmap strukturiert gesammelt werden.

Hat eine Klasse bereits Vorerfahrungen mit der Mindmap-Methode, kann gegebenenfalls auch das Brainstorming weggelassen und direkt eine Mindmap erstellt werden. Es besteht hierbei aber die Gefahr, dass viele interessante Aspekte, die durch die spontanen Äußerungen der Schülerinnen und Schüler ins Spiel gebracht werden, unberücksichtigt bleiben.

Die Ergebnisse der Gruppenarbeit sollten am Ende der Stunde auch den übrigen Schülerinnen und Schülern zugänglich sein. Die Mindmaps können verglichen und weitere Gemeinsamkeiten gefunden werden. Gegebenenfalls kann aus den unterschiedlichen Mindmaps ein Gesamtergebnis in Form einer „Klassen-Mindmap“ erstellt werden.

Diese Klassen-Mindmap kann während der gesamten Unterrichtsreihe genutzt werden. Durch sie wird eine inhaltliche Transparenz geschaffen und sie ermöglicht ebenfalls eine prozessbegleitende Reflexion. Es kann immer wieder mit Rückbezug auf die Mindmap besprochen werden, welche Bereiche des Themas bereits im Unterricht behandelt wurden und welchem Bereich der Mindmap das aktuelle Stundenthema zugeordnet werden kann. Diese Mindmap kann zudem auch während der Reihe ergänzt werden, wenn sich neue Aspekte ergeben bzw. bisher unberücksichtigte Aspekte in den Blickpunkt rücken. Die Arbeitsergebnisse der jeweiligen Stunden können thematisch passend um die Mindmap angeordnet werden. Somit ist die Mindmap nicht nur eine Möglichkeit, die Struktur der Unterrichtsreihe transparent zu machen, sondern kann zugleich auch eine dynamische Form der Ergebnissicherung sein.

Variation:

Es können (alternativ oder im Anschluss) Mindmaps zu spezielleren Themen erstellt werden als zu dem allgemeinen Thema „Zeitschriften“, z. B. Mindmaps zu konkreten Zeitschriften oder Zeitschriftensparten (z. B. Sportzeitschriften, Musikzeitschriften).

Name: ______________________ Datum: ______________ KV

Mindmap

1. Bei einer Mindmap schreibt man das Thema in die Mitte.

2. Dann versucht man, Unterthemen zu finden und schreibt sie um das Thema (in der Mitte) herum auf.

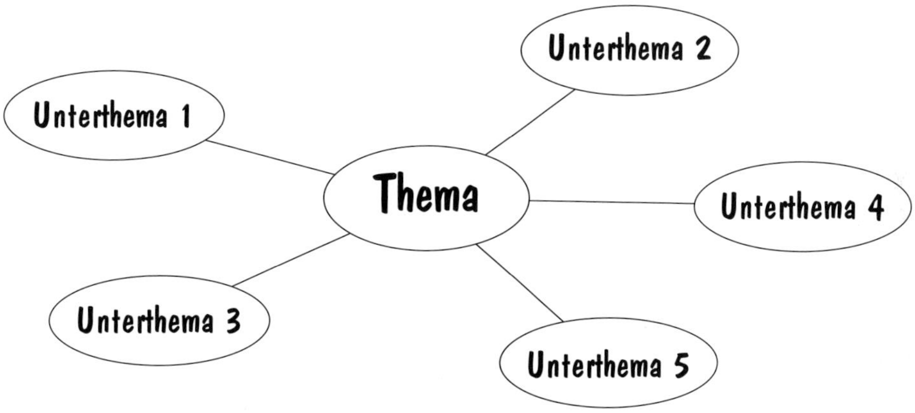

3. Jetzt schreibt man alles, was zu dem jeweiligen Unterthema gehört, an die neuen Kreise.

Beispiel:

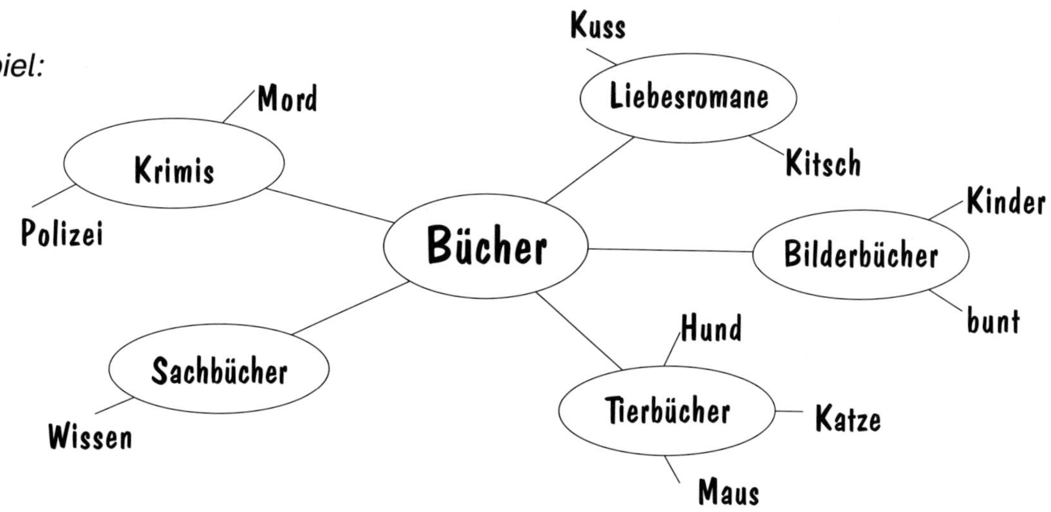

➡ Arbeite mit einem Partner zusammen. Nehmt euch einen Plakatkarton und Filzstifte. Vergleicht euer Brainstorming und versucht, die Begriffe in einer Mindmap zu ordnen.

Formale Gestaltung einer Zeitschrift

✓ **Zeit:** 1–2 Unterrichtsstunden

✓ **Material:** diverse Jugendzeitschriften

✓ **Vorbereitung:** keine

Lernziele:

- Gestaltungselemente von Zeitschriften kennenlernen
- Gestaltung der Titelseite beurteilen
- Verhältnis zwischen Sprache und Bildern erkennen und beurteilen
- Rolle der Bilder bewerten
- Rolle der Farben bewerten

Didaktisch-methodische Gestaltung:

Zu Beginn der Unterrichtsreihe sind die Schülerinnen und Schüler verständlicherweise hoch motiviert, in den verschiedenen Zeitschriften zu lesen. Daher sollten immer wieder Lesephasen angeboten werden. Für diese Lesephasen können die Schülerinnen und Schüler einen konkreten Beobachtungs- bzw. Leseauftrag bekommen, über den im anschließenden Kreisgespräch diskutiert wird. Diese Aufträge sollten sich zunächst möglichst auf die formale Gestaltung der Zeitschriften beziehen, da die inhaltliche Komponente im weiteren Verlauf der Unterrichtsreihe noch intensiver aufgegriffen wird.

Beobachtungs- und Leseaufträge können unter anderem folgende Punkte betreffen:

- ➡ Wirkung des Layouts auf die Leserinnen und Leser
- ➡ Verhältnis von Text und Bildern (Ist das Verhältnis ausgewogen? Wie viel Raum nehmen die Bilder ein? Ist das Text-Bild-Verhältnis in der gesamten Zeitschrift konstant? Bei welchen Themen überwiegen Bilder bzw. Texte?)
- ➡ Funktion der Bilder (Erzählen die Bilder eine eigene Geschichte bzw. geben sie zusätzliche Informationen? Unterstützen sie die Botschaft des Textes?)
- ➡ Gestaltung der Titelseite (Gestaltungselemente benennen können, Fachbegriffe erarbeiten)
- ➡ Gliederung und Übersichtlichkeit der Zeitschrift

Wurden die Titelseiten verschiedener Zeitschriften in Bezug auf Komponenten, Gestaltungselemente etc. eingehender analysiert, bietet es sich an, die Schülerinnen und Schüler ihre eigene Titelseite entwickeln zu lassen.

Kategorien I: Auflistung von Kategorien

✓ **Zeit:** 1 Unterrichtsstunde

✓ **Material:** diverse Zeitschriften aus verschiedenen Themengebieten, KV (Seite 18)

✓ **Vorbereitung:** keine

Lernziele:

- Inhaltsverzeichnisse lesen und verstehen
- Struktur und Funktion der Inhaltsverzeichnisse erkennen
- Oberbegriffe finden können

Didaktisch-methodische Gestaltung:

Die Beschäftigung mit den Kategorien, denen die Themen einer Zeitschrift zugeordnet werden können, ist eine Möglichkeit und ein erster Ansatz für die inhaltliche Auseinandersetzung mit dem Aufbau und der Struktur einer Zeitschrift. Für die Auflistung von Kategorien ist sowohl Einzel-, als auch Partner- oder Gruppenarbeit möglich. Da die Arbeitsergebnisse weiterverwendet werden, ist der Vorteil von Partner- oder Gruppenarbeit jedoch, dass es für die weitere Arbeit nicht zu viele Arbeitsergebnisse gibt, für die zunächst ein gemeinsamer Nenner gefunden werden muss.
Es sollen diverse Zeitschriften durchgesehen und deren Inhaltsverzeichnisse gelesen werden. Die Schülerinnen und Schüler sollen nun die Themenschwerpunkte/Kategorien, die in den unterschiedlichen Zeitschriften auftauchen, auf der KV festhalten. Werden unterschiedliche Begriffe für gleiche Kategorien verwendet, sollen die Schülerinnen und Schüler sich auf einen Begriff einigen. Es ist zunächst noch nicht notwendig festzuhalten, in welcher Zeitschrift diese Kategorien gefunden wurden.
Damit nicht nur unreflektiert aus dem Inhaltsverzeichnis abgeschrieben wird, sollen sich die Schülerinnen und Schüler im Anschluss zwei verschiedene Kategorien aus ihrer Liste „herauspicken" und mit Inhalt füllen, d. h. Themen, die unter diese Kategorie fallen, auflisten. Dies können sowohl konkrete Themen der verschiedenen Zeitschriften als auch eigene Ideen sein.
Die Arbeitsergebnisse sollten am Ende der Stunde gesammelt und festgehalten werden, z. B. an der Tafel oder am OHP, denn die Kategorien werden noch für die weitere Arbeit benötigt.

Variation:

Anstatt die Ergebnisse gemeinsam zu sammeln, können auch nur die KV eingesammelt und für die weitere Vorbereitung verwertet werden.

Name: ______________________ Datum: ______________

KV

Kategorien von Zeitschriften

➡ Lies die Inhaltsverzeichnisse der Zeitschriften. Welche Kategorien kommen in Zeitschriften vor? Schreibe sie auf:

- ______________________
- ______________________
- ______________________
- ______________________
- ______________________
- ______________________
- ______________________
- ______________________
- ______________________
- ______________________

➡ Vergleiche die Kategorien, die du gefunden hast, mit denen von anderen Mitschülern. Ergänze dann die Liste.

➡ Suche dir 2 Kategorien aus und nenne Beispiele für Themen.

1. Kategorie: ______________________

Themen:

____

____

2. Kategorie: ______________________

Themen:

____

____

➡ Welche Kategorie interessiert dich am meisten?

____

 KOPIERVORLAGE

Kategorien II: Art und Häufigkeit

✓ **Zeit:** 1 Unterrichtsstunde

✓ **Material:** diverse Zeitschriften aus verschiedenen Themengebieten, KV (Seite 20–21)

✓ **Vorbereitung:** keine; gegebenenfalls Kategorienbezeichnungen auf dem KV ändern/ergänzen

Lernziele:

- Themen den jeweiligen Kategorien zuordnen können
- Schwerpunkte verschiedener Zeitschriften erkennen
- Inhalte von Zeitschriften mit Zielgruppen in Verbindung bringen

Didaktisch-methodische Gestaltung:

Für diese Phase eignet sich Partner- oder Gruppenarbeit zum einen, da die Schülerinnen und Schüler sich so direkt austauschen können, und zum anderen, da sonst für jede Schülerin bzw. jeden Schüler eine eigene Zeitschrift vorhanden sein müsste. Es sollten mindestens so viele Gruppen gebildet werden, wie es unterschiedliche Zeitschriften gibt, damit für jede Zeitschrift eine Analyse erstellt werden kann.
Die Schülerinnen und Schüler arbeiten jeweils eine Zeitschrift von der ersten bis zur letzten Seite durch, entscheiden bei jeder Seite, zu welcher Kategorie diese zählt und halten dies mit einem Strich auf dem Arbeitsblatt fest. Falls eine Seite unterschiedlichen Kategorien zugeordnet werden kann, könnte dies z. B. mit einem Punkt, statt eines Strichs bei der jeweiligen Kategorie festgehalten werden. Im Anschluss daran zeichnen die Schülerinnen und Schüler zu jeder Zeitschrift ein Säulendiagramm, sodass auf den ersten Blick deutlich wird, welche Schwerpunkte die jeweilige Zeitschrift setzt.
Im weiteren Unterrichtsgespräch sollten die jeweils ersichtlichen Schwerpunkte einer Zeitschrift im Hinblick auf den Adressatenbezug thematisiert und Rückschlüsse auf mögliche Zielgruppen gezogen werden. Die Interessen der Schülerinnen und Schüler bezüglich einzelner Themen und deren Berücksichtigung in den Zeitschriften können thematisiert werden.

Variation:

Analysieren zwei Schüler die gleiche Zeitschrift, können sie im Anschluss ihre Ergebnisse vergleichen.
Eine zusätzliche Schwierigkeit kann eingebaut werden, wenn die Inhaltsverzeichnisse, in denen ja die Themen bereits Kategorien zugeordnet sind, aus den Zeitschriften entfernt werden, sodass die Schülerinnen und Schüler bei der Zuordnung zu den jeweiligen Kategorien wirklich nur auf ihre eigene Einschätzung angewiesen sind.

Name: ______________________ **Datum:** ______________ **KV**

Häufigkeit der Kategorien

➡ Suche dir eine Zeitschrift aus und trage den Namen dieser Zeitschrift ein.

➡ Blättere die Zeitschrift jetzt Seite für Seite durch. Mache für jede Seite einen Strich hinter die Kategorie, die auf dieser Seite behandelt wird.

➡ Welche 3 Kategorien sind in dieser Zeitschrift am häufigsten? Kreise sie ein.

Name der Zeitschrift: ______________________

Kategorien:

- Musik
- Liebe
- Freizeit
- Tiere
- Sport
- Autos/Motorräder
- PC
- Sexualität
- Stars
- Mode
- Schönheit
- TV/Kino
- Psychotests
- Witze
- Horoskope
- Computerspiele
- Rätsel
- Poster
- Leserbriefe
- Freundschaft
- Beratung
- Berichte über „Menschen wie du und ich"
- ______________________
- ______________________
- ______________________
- ______________________
- ______________________
- ______________________
- ______________________
- ______________________

Name: ______________________ **Datum:** ______________ **KV**

Häufigkeit der Kategorien

➡ Um deutlich zu sehen, welche Kategorien häufig vertreten sind und welche eher selten, kannst du ein Säulendiagramm zeichnen. Trage dafür deine Ergebnisse in das Koordinatensystem ein.

Name der Zeitschrift: ______________________

Ausgabe: __________

20																										
19																										
18																										
17																										
16																										
15																										
14																										
13																										
12																										
11																										
10																										
9																										
8																										
7																										
6																										
5																										
4																										
3																										
2																										
1																										
Seitenanzahl / Thema	Musik	Liebe	Freizeit	Tiere	Sport	Autos/Motorräder	PC	Sexualität	Stars	Mode	Schönheit	TV/Kino	Psychotests	Witze	Horoskope	Computerspiele	Rätsel	Poster	Leserbriefe	Freundschaft	Beratung	„Menschen"				

➡ Ist die Gewichtung in jeder Ausgabe der Zeitschrift ungefähr gleich? Zeichne Diagramme für verschiedene Ausgaben einer Zeitschrift und vergleiche.

Kategorien III: Unterthemen bestimmen

✓ **Zeit:** 1 Unterrichtsstunde

✓ **Material:** diverse Zeitschriften aus unterschiedlichen Themenbereichen, Plakatkarton

✓ **Vorbereitung:** keine; gegebenenfalls Zeitschriften aussortieren, die noch für weitere Unterrichtszwecke benötigt werden und nicht zerschnitten werden sollen

Lernziele:

- Themen den jeweiligen Kategorien zuordnen können
- Gemeinsamkeiten verschiedener Themen erkennen und diesen eine Kategorie zuordnen

Didaktisch-methodische Gestaltung:

Die insgesamt am häufigsten vertretenen Kategorien werden auf Plakatkarton geschrieben. Jede Gruppe bearbeitet ein Thema.
Dazu sichtet jede Gruppe unterschiedliche Zeitschriften und schneidet prägnante Bilder, Überschriften oder auch ganze Artikel zu der jeweils zu bearbeitenden Kategorie aus und klebt diese in Form einer Collage auf den Plakatkarton.

Variation:

Jede Gruppe zieht eine Kategorie, ohne dass die anderen Gruppen erfahren, welche Kategorie bearbeitet werden muss. Die Collagen werden wie oben beschrieben erstellt, die Kategorie jedoch nicht genannt. Wenn alle Collagen fertig sind, müssen dann die übrigen Schülerinnen und Schüler anhand der Artikel, Fotos und Überschriften erraten, um welche Kategorie es sich handelt.

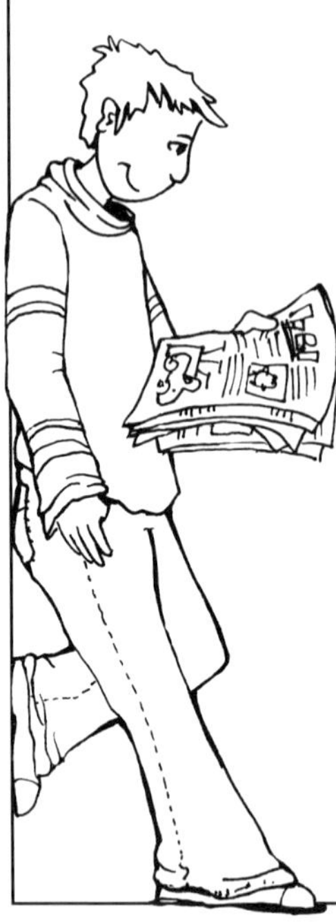

Inhalte vergleichen

✓ **Zeit:** 1–2 Unterrichtsstunden
✓ **Material:** diverse Zeitschriften
✓ **Vorbereitung:** keine

Lernziele:

- Art der Behandlung verschiedener Themen in unterschiedlichen Zeitschriften vergleichen
- kritische Haltung gegenüber Printmedien einnehmen können

Didaktisch-methodische Gestaltung:

Da sich die Schülerinnen und Schüler nun eingehend mit den Kategorien und den jeweiligen Unterthemen beschäftigt haben, kann sich daran eine inhaltliche Diskussion anschließen. Themen, die in verschiedenen Zeitschriften vertreten sind, sollen verglichen werden.

Aspekte dieser Diskussion können unter anderem sein:

➡ Wie ausführlich werden die Themen jeweils behandelt?
➡ Welche Position vertritt die jeweilige Zeitschrift?
➡ Werden unterschiedliche Schwerpunkte gesetzt und warum?

Zudem kann über die von den Zeitschriften geweckten Erwartungen bezüglich der Inhalte gesprochen werden. Ein Vergleich der Relation (Platz auf der Titelseite, Seitenanzahl in der Zeitschrift) kann ebenfalls zu anregenden Gesprächen führen.
Die Schülerinnen und Schüler können angeregt werden, eigene Themenvorschläge zu machen und Wünsche und Erwartungen zu formulieren. Gegebenenfalls können diese Wünsche in Form eines Briefes an die Verleger der Jugendzeitschriften geschickt werden.

Werbung I: Welche Werbung in welcher Zeitschrift?

✓ **Zeit:** 1–2 Unterrichtsstunden

✓ **Material:** diverse Zeitschriften aus verschiedenen Themengebieten, KV (Seite 25–26)

✓ **Vorbereitung:** keine

Lernziele:

- Werbung erkennen können
- für versteckte Werbung sensibilisiert werden
- Werbeschwerpunkte verschiedener Zeitschriften erkennen
- Werbung in Zeitschriften mit Zielgruppen in Verbindung bringen
- kritische, reflektierende Haltung gegenüber Werbung aufbauen

Didaktisch-methodische Gestaltung:

Eine Arbeit in Gruppen bietet sich an. Es sollten mindestens so viele Gruppen gebildet werden, dass jede Gruppe eine Zeitschrift bearbeiten bzw. analysieren kann.
Die Schülerinnen und Schüler sollen, ähnlich wie bei dem Thema „Kategorien", die Zeitschriften seitenweise durcharbeiten, die Werbeseiten zählen und die Art der beworbenen Produkte aufschreiben. Die Ergebnisse werden auf der KV festgehalten und können ebenfalls wie die Kategorien in einem Säulendiagramm veranschaulicht werden. Eine Gegenüberstellung der Anzahl der Werbeseiten und der Anzahl der Seiten mit redaktionellem Inhalt kann bei manchen Zeitschriften zu überraschenden Einsichten bei den Schülerinnen und Schülern führen. Die Ergebnisse der Gruppenarbeiten sollten im Anschluss vorgestellt werden und Grundlage für ein Gespräch sein. Es soll verdeutlicht werden, welche Werbung in welcher Zeitschrift zu finden ist und warum. Auch hier sollte Bezug genommen werden auf die Zielgruppe der Zeitschrift.
Die Problematik, Werbeseiten auch auf den ersten Blick als solche zu erkennen, sollte gemeinsam mit den Schülerinnen und Schülern thematisiert werden. In der nächsten Unterrichtseinheit wird dies unter dem Blickwinkel der gesetzlichen Zulässigkeit im Sinne des Pressegesetzes noch einmal aufgegriffen.

Name: ______________________ **Datum:** ______________ KV

Werbung

- Trage den Namen der Zeitschrift ein. Blättere die Zeitschrift Seite für Seite durch.
- Schreibe auf, für welche Produkte in dieser Zeitschrift Werbung gemacht wird.
- Mache eine Strichliste und zähle erst am Schluss zusammen.
  Für welche Produkte gibt es die meiste Werbung? Kreise sie ein.

Name der Zeitschrift: ______________________

Produkt	Strichliste	Seitenanzahl

- Kann man jede Werbeanzeige sofort erkennen? Sprecht in der Klasse darüber.
- Welche Werbung taucht gar nicht auf? Hast du eine Idee, warum?

Name: ______________________ Datum: ______________ KV

Werbung

➡ Erstelle ein Säulendiagramm, in dem die Verteilung der Werbung deutlich wird.

Name der Zeitschrift: ______________________

20																										
19																										
18																										
17																										
16																										
15																										
14																										
13																										
12																										
11																										
10																										
9																										
8																										
7																										
6																										
5																										
4																										
3																										
2																										
1																										
Seiten-anzahl / Produkt																										

Werbung II: Werbung und das Pressegesetz

✓ **Zeit:** 2–3 Unterrichtsstunden

✓ **Material:** diverse Werbeseiten, KV (Seite 28–31), Lesetexte

✓ **Vorbereitung:** keine; gegebenenfalls Werbeseiten heraussuchen und auf eine OHP-Folie kopieren

Lernziele:

- für versteckte Werbung sensibilisiert werden
- Werbung unter verbraucherschutzrechtlichen Gesichtpunkten betrachten
- kritische Haltung gegenüber Werbung einnehmen können
- Inhalte des Pressegesetzes verstehen und anwenden können

Didaktisch-methodische Gestaltung:

Bei diversen Seiten wird es den Schülerinnen und Schülern schwer gefallen sein, Werbung sofort als solche zu erkennen. Dies sollten Sie als Anknüpfungspunkt für eine vertiefende Arbeit zum Thema Werbung nehmen.

Verschiedene Werbeseiten aus diversen Jugendzeitschriften können in Einzel-, Partner- oder Gruppenarbeit auf ihre Korrektheit in Bezug auf die Kennzeichnung von Werbeanzeigen oder auch die Vermischung von redaktionellem Inhalt und Werbung hin untersucht werden. Einen Auszug des Pressegesetzes des Landes Nordrhein-Westfalen finden Sie auf der Kopiervorlage. Für andere Bundesländer können Auszüge des Pressegesetzes im Internet unter www.presserecht.de gefunden werden. Häufig lauten die Gesetzestexte in diesem Punkt jedoch gleich.

Als aktueller Bezug können die Zeitungsartikel zum Thema Handy-Werbung bzw. Klingelton-Werbung mit den Schülerinnen und Schülern gelesen werden. Wenn Sie die Möglichkeit haben, an ältere Zeitschriftenausgaben zu kommen, kann ein Vergleich der Werbeseiten in diesem Bereich interessant sein. Die Schülerinnen und Schüler sollen versuchen zu erkennen, welche Aspekte dieser älteren Werbeseiten unter den Begriff „unlauterer Wettbewerb" fallen.

Ein anspruchsvollerer Lesetext ist die Pressemitteilung des Bundesgerichtshofes. Er kann neben den inhaltlichen Aspekten auch unter dem Gesichtspunkt der Klärung rechtlicher Begriffe gelesen werden. Auch der Zeitungsartikel „Kostenfalle Klingelton" kann als Basis für ein vertiefendes Unterrichtsgespräch gelesen werden.

Variation:

Die Werbeseiten können auch auf Folie kopiert und gemeinsam mit der gesamten Klasse analysiert werden.

Name: ______________________ **Datum:** ______________ KV

Werbung ist Werbung und Gesetz ist Gesetz

Pressegesetz für das Land Nordrhein-Westfalen (Landespressegesetz NRW)

§ 10 *Kennzeichnung entgeltlicher Veröffentlichungen*

Hat der Verleger oder der Verantwortliche (§ 8 Abs. 2 Satz 4) eines periodischen Druckwerks für eine Veröffentlichung ein Entgelt erhalten, gefordert oder sich versprechen lassen, so muss diese Veröffentlichung, soweit sie nicht schon durch Anordnung und Gestaltung allgemein als Anzeige zu erkennen ist, deutlich mit dem Wort „Anzeige" bezeichnet werden.

➡ Untersuche die Werbung einer Jugendzeitschrift. Beachte folgende Punkte:

1. Wie oft entspricht die Veröffentlichung dem aufgeführten Paragrafen des Pressegesetzes, wie oft nicht?
2. Gibt es nur die klassische „Anzeige" oder findest du Werbung auch in anderer Form? Welche Formen kommen vor?
3. Wurde in Werbeanzeigen versucht, die gesetzliche Bestimmung zu umgehen? Wenn ja, wie?

➡ Sprecht in eurer Gruppe und in der Klasse über eure Ergebnisse.

Name: ______________________ Datum: ______________ KV

Werbung für Klingeltöne – Immer wieder ein Thema in den Medien

Solche und ähnliche Artikel findet man immer wieder in den Zeitungen. Lest die Artikel und sprecht in der Klasse darüber.

Verstoß gegen das Gesetz gegen den unlauteren Wettbewerb: 0190-Werbung in Jugendzeitschriften verboten

Das Oberlandesgericht (OLG) Hamm hat die Werbung von Handytönen, Telefonlogos und Mailboxsprüchen per 0190-Servicenummer in Jugendzeitschriften verboten.

In einem am Donnerstag veröffentlichten Urteil wies das Gericht darauf hin, dass die Werbung in solchen Zeitschriften gegen das Gesetz gegen den unlauteren Wettbewerb verstoße, weil es die Unerfahrenheit von Kindern und Jugendlichen ausnutze. Dem jugendlichen Nutzer sei nicht von vornherein klar, welche Kosten auf ihn zukämen.

Erst am Schluss könnten die Kinder und Jugendlichen feststellen, wie viel sie wirklich für den Ladevorgang der Klingeltöne und Mailboxsprüche zahlen müssten, hieß es. Eine vorherige Kenntnis der Kosten sei aber unerlässlich, entschieden die Richter. Damit gab das OLG der Klage des Bundesverbandes der Verbraucherzentralen gegen eine Firma recht, die entsprechende Logos und Klingeltöne für Handys anbietet.

Zugleich untersagte das Gericht der Firma die Werbung für das Herunterladen von sexuell anzüglichen Sprüchen in Kinderzeitschriften. Das OLG bestätigte damit eine ähnliche Entscheidung des Landgerichts Dortmund vom Dezember letzten Jahres.

Bundesgerichtshof schränkt Werbung für Klingeltöne ein

Diese Entscheidung wird viele Eltern aufatmen lassen: Nach einem Urteil des Bundesgerichtshofs (BGH) darf in Jugendzeitschriften nur für teure Handy-Klingeltöne geworben werden, wenn auch die entstehenden Kosten deutlich werden.

Mit dem am Donnerstag verkündeten Urteil erklärte der BGH in Karlsruhe die Anzeige eines Anbieters für wettbewerbswidrig. In der Jugendzeitschrift war lediglich der Minutenpreis für das Laden des Klingeltons angegeben worden. Die Dauer des Ladevorgangs blieb aber unbekannt. Damit sei die Unerfahrenheit der Jugendlichen in unlauterer Weise ausgenutzt worden, entschieden die obersten Bundesrichter.

Mit dem Urteil hatte die Klage des Bundesverbandes der Verbraucherzentralen endgültig Erfolg. Auch das Landgericht und das Oberlandesgericht Hamburg hatten die Werbung zuvor bereits für sittenwidrig erklärt. Allerdings wies der BGH darauf hin, dass nicht jede gezielte Werbung für Minderjährige unlauter sei. Jugendlichen müsse ausreichend deutlich gemacht werden, welche finanziellen Belastungen auf sie zukämen.

Die Musterklage der Verbraucherzentrale richtete sich gegen eine Werbung in einer Jugend-Zeitschrift mit einer etwa zur Hälfte minderjährigen Leserschaft. In der Werbung wurde die Nummer angegeben, mit der man sich per Anruf die Klingeltöne, Logos und SMS auf das Handy laden kann, ansonsten aber nur der Minutenpreis genannt. Ein von der Verbraucherzentrale als Testperson eingesetzter Jugendlicher brauchte als erfahrener Handy-Nutzer vier Minuten und produzierte Kosten von fast 10 Euro.

Name: ______________________ **Datum:** ______________ **KV**

Veröffentlichung der Pressestelle des Bundesgerichtshofes in Karlsruhe:

Werbung für Handy-Klingeltöne in Jugendzeitschriften

Urteil vom 6. April 2006 – I ZR 125/03

Der u. a. für Marken- und Wettbewerbsrecht zuständige I. Zivilsenat des Bundesgerichtshofes hatte auf Klage des Bundesverbandes der Verbraucherzentralen und Verbraucherverbände darüber zu entscheiden, ob ein Wettbewerbsverstoß vorliegt, wenn ein Unternehmen in einer Jugendzeitschrift für Handy-Klingeltöne wirbt und dabei lediglich darauf hingewiesen wird, dass das Herunterladen über eine kostenpflichtige 0190-Service-Telefonnummer 1,86 pro Minute kostet. Der klagende Verband meint, ohne einen Hinweis auf die durchschnittliche Dauer des Herunterladens und die dadurch entstehenden Kosten werde die Unerfahrenheit der Jugendlichen in unlauterer Weise ausgenutzt.
Das Landgericht und das Berufungsgericht haben der auf Unterlassung gerichteten Klage des Verbraucherverbandes stattgegeben. Die hiergegen eingelegte Revision blieb ohne Erfolg.
Der Bundesgerichtshof hat die Werbung als wettbewerbswidrig angesehen, da sie geeignet sei, die geschäftliche Unerfahrenheit von Kindern und Jugendlichen auszunutzen (§ 4 Nr. 2 UWG*). Handlungen, die gegenüber einer nicht besonders schutzwürdigen Zielgruppe noch zulässig seien, könnten gegenüber geschäftlich Unerfahrenen unzulässig sein. Voraussetzung für den Schutz sei, dass sich die Werbung – zumindest auch – gezielt an Kinder oder Jugendliche richte. Dies sei im vorliegenden Fall anzunehmen, da die Leserschaft der Zeitschrift, in der die Werbung abgedruckt worden sei, zu mehr als 50 % aus Kindern und Jugendlichen bestehe.
Der Bundesgerichtshof stellte aber klar, dass nicht jede gezielte Beeinflussung von Minderjährigen durch Werbung unlauter ist. Die konkrete Handlung müsse vielmehr geeignet sein, die geschäftliche Unerfahrenheit auszunutzen. Maßgeblich sei insoweit, ob und inwieweit sich die Unerfahrenheit auf die Entscheidung über das Angebot auswirke. Minderjährige seien weniger in der Lage, die durch die Werbung angepriesene Leistung in Bezug auf Bedarf, Preiswürdigkeit und finanzielle Folgen zu bewerten. Daher müsse Kindern und Jugendlichen ausreichend deutlich gemacht werden, welche finanziellen Belastungen auf sie zukämen. Dem werde die angegriffene Werbung nicht gerecht, da nach dieser die Kosten nicht überschaubar seien. Diese Ungewissheit habe dadurch ein besonderes Gewicht bekommen, dass der Verbraucher die tatsächliche finanzielle Belastung erst durch eine spätere Abrechnung erfahre. Aus diesen Gründen sei eine gezielt an Minderjährige gerichtete Werbung für Handy-Klingeltöne, in der nur der Minutenpreis angegeben wird, grundsätzlich wettbewerbswidrig.

***§ 4 Nr. 2 UWG lautet wie folgt:**
„Unlauter im Sinne von § 3 handelt insbesondere, wer Wettbewerbshandlungen vornimmt, die geeignet sind, die geschäftliche Unerfahrenheit insbesondere von Kindern oder Jugendlichen, die Leichtgläubigkeit, die Angst oder die Zwangslage von Verbrauchern auszunutzen.“

Name: ______________________ Datum: ______________ KV

Kostenfalle Klingelton

Solch einen Artikel findet man immer wieder in den Zeitungen.
Lest den Artikel und sprecht in der Klasse darüber.

Viele Berichte von aufgebrachten Eltern kann man z. B. in Internet-Foren lesen: Mehrere Abos für Klingeltöne, Spiele und Logos habe ihr elfjähriger Sohn gehabt. Darum sei seine Prepaid-Karte immer schon kurz nach dem Aufladen wieder leer gewesen, so schreibt eine Mutter in einem Internet-Forum.

Die Gefahr für Kinder und Jugendliche ist groß, denn das Angebot ist verlockend und wird stark beworben. Ob singende Küken oder torkelnde Elche – alles wird in den Werbespots der Klingelton-Firmen angeboten. Viele Millionen Euro haben sie im letzten Jahr für Werbung ausgegeben und ihre Hauptzielgruppe sind Kinder und Jugendliche.

Die Verbraucherzentrale berichtet, dass es vor allem mit den Abonnements Probleme gibt. Dabei bestellt der Jugendliche nicht nur einen Klingelton, sondern gleich ein Liefer-Abo, für das dann regelmäßig Gebühren abgebucht würden. Das Tückische daran ist, dass der Jugendliche glaubt, nur einen einzelnen Klingelton bestellt zu haben, und dann wundert er sich, dass seine Prepaid-Karte schon wieder leer ist.

Hinweise auf ein Abo gibt es zwar in Spots und Anzeigen der Firmen, aber die sind so klein gedruckt, dass viele sie übersehen.

Rechtlich gesehen sei das Ganze fragwürdig, denn einem Vertrag müssten Eltern zustimmen. Zwar haben diese durch den Mobilfunkvertrag oder ihr Einverständnis zu einer Prepaid-Karte dem Kind eine gewisse Freiheit eingeräumt – aber die beziehe sich in der Regel auf das normale Simsen und Telefonieren, nicht auf das Bestellen teurer Klingeltöne.

Die Risiken, die von diesen Geschäftspraktiken ausgehen, hat inzwischen auch das Verbraucherministerium erkannt und einen Gesetzesentwurf eingebracht. Der verlangt von den Anbietern der Klingeltöne, Bilder und Spiele, dass sie bei Bestellungen, die einen Wert von einem Euro überschreiten, vor Abschluss des Vertrages in einer SMS auf die Kosten und weiteren Verpflichtungen aufmerksam machen und sich die Bestellung vom Kunden rückbestätigen lassen müssen.

Werbung III: Gestaltung einer Anzeige, Werbestrategien

✓ **Zeit:** 1–2 Unterrichtsstunden

✓ **Material:** diverse Werbeanzeigen

✓ **Vorbereitung:** keine

Lernziele:

- Elemente einer Anzeige untersuchen
- Gestaltungsmittel von Werbeanzeigen kennen
- Werbestrategien kennen und erkennen
- reflektierend mit Konsumwünschen und deren Beeinflussbarkeit auseinandersetzen
- Kritikfähigkeit und Selbstbewusstsein stärken, um gegenüber Werbebotschaften Stellung zu beziehen

Didaktisch-methodische Gestaltung:

Neben der rechtlichen Komponente kann man Werbung natürlich auch aus gestalterischer und werbepsychologischer Sicht betrachten. Dies soll in dieser Unterrichtseinheit geschehen.
Wesentliche Gestaltungsmittel der Werbung in Printmedien sind Text, Bild und Farbe. In den meisten Werbeanzeigen werden diese geschickt miteinander kombiniert, sodass Bild und Text eine gemeinsame Botschaft transportieren, wenn auch auf unterschiedlicher Wirkungsweise.
Texte sollen informieren, abstrakte Merkmale definieren oder vermitteln. Slogans ermöglichen die Verankerung der Produkteigenschaften im Gedächtnis. Nicht selten gehen Redewendungen aus der Werbesprache in den Sprachgebrauch ein. Bildmotive sind verantwortlich für die emotionale Ansprache der Zielpersonen. Sie sind einprägsam und arbeiten häufig mit Klischees und Metaphern. Klischeehafte Darstellungen erzeugen häufig spontane Reize mit hoher Signalwirkung. Ähnlich wie das Bildmotiv weckt die ausgewählte Schriftart Assoziationen und kann den emotionalen Eindruck unterstützen. Sie trägt ebenso wie das Bildmotiv zur Einzigartigkeit und Unverwechselbarkeit der Werbebotschaft bei. Farben rufen ebenfalls (abhängig vom Kulturkreis und Zeitgeist) Assoziationen hervor und bekommen so eine psychologische Wirkfunktion. Sie bleiben vor allem wegen des Gefühlswertes dieser hervorgerufenen Assoziationen in Erinnerung.
Die Schülerinnen und Schüler sollen die Werbeanzeigen der Jugendzeitschriften im Hinblick auf die oben beschriebenen Elemente untersuchen.

Fragestellungen bezüglich des Werbetextes können sein:

➡ Welche Firma hat die Anzeige geschaltet?
➡ Welches Produkt wird beworben?
➡ Welche Sachinformationen enthält die Anzeige?
➡ Welche Versprechungen werden gemacht?
➡ Haben Überschrift und Text einen Bezug zueinander?
➡ Welche Wünsche und Erwartungen werden beim Betrachter geweckt?

Fortsetzung:

Fragestellungen bezüglich des Bildmaterials können sein:

- Wie viel Raum nimmt das Bild im Vergleich zum Text ein?
- Welche Inhalte werden dargestellt?
- Hat das Bild einen Bezug zum beworbenen Produkt?
- Welche Wirkung erzielt das Bildmaterial möglicherweise auf den Betrachter?

Fragestellungen bezüglich der Werbesprache können sein:

- Welche Wortarten werden überwiegend verwendet?
- Was kann man über den Gebrauch der Syntax sagen?
- Welche sprachlichen Mittel (z. B. Metaphern, Lautmalereien und Wortneuschöpfungen) werden verwendet?

Durch eine genaue Betrachtung der Werbeanzeigen und unter Berücksichtigung der psychologischen Komponente können die Schülerinnen und Schüler versteckte und offene Werbebotschaften erkennen. Verschiedene Werbeseiten können in Kleingruppen analysiert und die „aufgedeckten" Werbebotschaften schriftlich festgehalten werden. Im Anschluss daran kann man eine klasseninterne Umfrage über die Wirkung dieser Anzeige auf die Schülerinnen und Schüler starten. Ein Vergleich der Umfrage mit den Ergebnissen der Arbeitsgruppe ermöglicht sicherlich interessante Erkenntnisse und Einsichten.
Die eigene Beeinflussbarkeit durch Werbung und deren Ursachen sollte im Sinne einer medienkritischen Auseinandersetzung mit dem Thema Werbung in einem Unterrichtsgespräch thematisiert werden.

Steckbrief verfassen

✓ **Zeit:** 1–2 Unterrichtsstunden

✓ **Material:** diverse Artikel, KV (Seite 35), gegebenenfalls Originalsteckbriefe einer Zeitschrift

✓ **Vorbereitung:** Artikel heraussuchen, in denen viele Informationen über Person und Umfeld eines Stars gegeben werden, sodass ein klassischer Star-Steckbrief ausgefüllt werden kann

Lernziele:

- sinnentnehmendes Lesen
- dem Schreibziel und der Schreibsituation entsprechend schreiben

Didaktisch-methodische Gestaltung:

In manchen Zeitschriften sind Star-Steckbriefe vorhanden, die man als Vorlage nutzen kann. Falls keine verwertbaren Artikel mit ausreichenden Informationen gefunden werden können, kann die Informationssuche auch in die Hand der Schülerinnen und Schüler gegeben werden, die per Internetrecherche die notwendigen Informationen über die Stars beschaffen sollen.
Das Erstellen der Steckbriefe kann sowohl in Einzel- als auch in Partnerarbeit erfolgen. Falls in den zur Verfügung stehenden Zeitschriften keine Steckbriefe vorhanden sind, kann entweder auf die Kopiervorlage zurückgegriffen werden oder die Schülerinnen und Schüler erarbeiten selbstständig eine Vorlage für einen Steckbrief, der dann von allen für den jeweils gewählten Star ausgefüllt werden muss.

Variation:

Ein Originalsteckbrief in einer Jugendzeitschrift könnte im umgekehrten Fall als Basis für einen ausführlichen Starbericht genutzt werden. Die Schülerinnen und Schüler können sich dabei an diversen Artikeln aus den Zeitschriften orientieren.

Information:

Geballte Informationen über einen ausgewählten Star findet man neben den üblichen „Homestorys" unter dem Stichwort „Star-Archiv" in der Zeitschrift *Yam!*

Name: ______________________ **Datum:** ______________

KV

STAR-STECKBRIEF

Vorname: ______________________

Name: ______________________

Künstlername: ______________________

Geburtsdatum: ______________________

Sternzeichen: ______________________

Haarfarbe: ______________________

Augenfarbe: ______________________

Größe: ______________________

Geschwister: ______________________

Partner: ______________________

Haustiere: ______________________

Wohnort: ______________________

Hobbys: ______________________

Aktuelles Album/ aktueller Film: ______________________

Platz für eine Foto-Collage des Stars

Startexte lesen – Reporterfragen beantworten

✓ **Zeit:** 1–2 Unterrichtsstunden

✓ **Material:** diverse längere Artikel (z. B. Homestorys), KV (Seite 37)

✓ **Vorbereitung:** Artikel zu verschiedenen Stars heraussuchen (gegebenenfalls kopieren) und Verständnis- und Inhaltsfragen auf der Star-Info-KV eintragen

Lernziele:

- sinnentnehmendes Lesen
- Fragen zielgerichtet beantworten
- Fakten zusammenfassen, nicht den Text abschreiben
- dem Schreibziel und der Schreibsituation entsprechend schreiben

Didaktisch-methodische Gestaltung:

Diese Unterrichtseinheit erfordert zunächst einiges an Vorbereitung. Es kann sich unter Umständen schwierig gestalten, Artikel zu finden, in denen ausreichende Informationen enthalten sind, die abgefragt werden können. So kann es notwendig sein, mehrere kurze Berichte über einen Star auf einer Kopiervorlage o. Ä. zusammenzustellen. Da die Auswahl der Stars auf die Interessen der Schülerinnen und Schüler abgestimmt sein sollte, kann in diesem Rahmen lediglich eine mögliche Form der Ergebnissicherung als Blanko-Vorlage gegeben werden. Sind die passenden Artikel gefunden, müssen Sie Fragen dazu sammeln. Sie können auf der Blanko-Vorlage in die grauen Kästen geschrieben werden.
Jeder Schüler darf sich dann einen Star aussuchen, zu dem er den Text bearbeiten möchte. Um eine größere Auswahl zu ermöglichen, bietet es sich an, die entsprechenden Artikel zu kopieren.

Variation:

Je zwei Schülerinnen oder Schüler bearbeiten einen Artikel und vergleichen im Anschluss ihre Ergebnisse.

Information:

Doppelseitige Artikel mit längeren Texten über aktuelle Stars findet man vor allem in der Zeitschrift *Yam!*

Name: ______________________ Datum: ______________

KV

Star-Info:

Achtung, Hingucker: Überschriften finden

✓ **Zeit:** 1 Unterrichtsstunde

✓ **Material:** diverse kurze Berichte, KV (Seite 39)

✓ **Vorbereitung:** Artikel (ohne Überschrift) auf Pappe kleben und gruppenweise verteilen oder unterschiedliche Artikel auf der KV zusammenstellen

Lernziele:

- sinnentnehmendes Lesen
- Signalfunktion von Überschriften erkennen und umsetzen
- Herausfiltern des wesentlichen bzw. interessanten Aspekts des Artikels

Didaktisch-methodische Gestaltung:

Im Unterrichtsgespräch sollte die Funktion und Wirkung einer Überschrift im Kontext der Intentionen einer Zeitschrift gemeinsam mit den Schülerinnen und Schülern diskutiert werden. Hierzu bietet es sich an, Zeitschriftenartikel und deren Überschriften zu vergleichen und zu analysieren.
Nun können die überschriftslosen Artikel auf der KV ausgeteilt werden. Für die Bearbeitung der Aufgabe bietet sich sowohl Einzel- als auch Partnerarbeit an. Bekommen mehrere Schüler den gleichen Artikel, können sie die Arbeitsergebnisse im Nachhinein gut vergleichen. Hierbei können sich unter Umständen noch weitere interessante Aspekte zum Thema Überschriften und individuelle Wahrnehmung ergeben. Es kann nun gemeinsam überlegt werden, welche der gefundenen Überschriften treffender ist oder vielleicht auch nur mehr Aufmerksamkeit erregt. Abschließend können dann die neu gefundenen Überschriften mit den Originalüberschriften verglichen werden.

Variation:

Die Überschriften werden getrennt von den Artikeln als Kopiervorlage zur Verfügung gestellt und müssen den richtigen Artikeln zugeordnet werden. Die Überschriften sollten allerdings, um die Aufgabenstellung nicht zu stark zu vereinfachen, nicht den Namen des jeweiligen Stars bzw. der Band enthalten.

Name: ______________________ Datum: ______________ KV

Achtung, Hingucker: Die passende Überschrift (er)finden!

- Lies die Artikel genau und aufmerksam durch.
- Überlege dir, welche Überschriften zu diesem Artikel passen könnten. Schreibe mehrere Ideen auf.
- Überlege jetzt alleine oder gemeinsam mit einem Partner, welche dieser Überschriften die meiste Aufmerksamkeit erregt.

Platz für aktuelle Artikel
(ohne Überschrift)

Liedtexte lesen und analysieren

✓ **Zeit:** 1–2 Unterrichtsstunden

✓ **Material:** diverse Liedtexte

✓ **Vorbereitung:** im Vorfeld nach Schülerinteressen fragen und eigene Liedtexte mitbringen lassen oder auf Liedtexte und gegebenenfalls deren Übersetzung in einer Jugendzeitschrift zurückgreifen; Liedtexte gegebenenfalls für alle kopieren; Musik dazu besorgen

Lernziele:

- Sinnentnehmendes Lesen
- Metaphern verstehen und deuten
- Reimstrukturen erkennen

Didaktisch-methodische Gestaltung:

Liedtexte sind eine Form der Lyrik, die vielen Schülerinnen und Schülern leichter zugänglich ist, als Gedichte. Viele Aspekte einer Gedichtanalyse lassen sich aber durchaus auf die Analyse von Liedtexten übertragen. Auch hier wird häufig eine bildhafte Sprache verwendet, die entschlüsselt werden muss.

Lieder sind sehr emotionsbehaftet und eine Thematisierung im Unterricht hat einen hohen Motivationscharakter. Es sollte ausreichend viel Zeit für Gespräche und einen gemeinsamen Austausch eingeräumt werden. Jeder Schüler könnte sein aktuelles Lieblingslied oder ein Lied, das er mit einer besonderen Erfahrung verbindet, mitbringen und den anderen vorstellen. Für eine kleine Liedauswahl könnte auch ein Vergleich der Wirkung auf den Hörer und der Wirkung auf den Leser (des Textes) erfolgen.

Viele Liedtexte sind in englischer Sprache verfasst. Einige Zeitschriften bieten eine Übersetzung der Texte an, deren Qualität jedoch zu prüfen ist (Song der Woche – *Yam!*, Songbook – *BRAVO*, Songcards – *Starflash*). Im Sinne eines fächerübergreifenden Unterrichtes können Liedtexte von den Schülerinnen und Schülern im Englischunterricht selbstständig übersetzt und dann im Anschluss (im Deutschunterricht) analysiert werden.

Hintergründe von Zeitschriften erkunden

In diesem Bereich ist die Thematisierung mehrerer Aspekte der Medienerziehung denkbar. Umgesetzt werden kann dies durch den Einsatz von Hintergrundberichten und Reportagen, durch die Einladung eines Experten in die Schule oder durch einen Unterrichtsgang zu einem Zeitschriftenverlag.

Fragestellungen oder Schwerpunkte können sein:
- Organisationsstrukturen bei Zeitschriftenverlagen recherchieren
- Pressevertrieb und dessen Facetten (Abonnement, Lesezirkel, Pressefachhändler, Kiosk, Preisbindung, Remission)
- Wirtschaftlicher Faktor von Zeitschriften
- Präsentation der Zeitschriften im Geschäft (Welche Zeitschrift in welchem „Umfeld", Platzierung der Zeitschriften und des Zeitschriftenregals)
- „Extras" in Zeitschriften: nutzloses Beiwerk oder kaufentscheidendes Kriterium?

Artikel auf Glaubwürdigkeit und Seriosität hin prüfen

Schülerinnen und Schüler nehmen in der Regel Inhalte von Artikeln und Berichten als gegebene Wahrheit an, da sie ja gedruckt auf dem Papier stehen und der Verfasser des Artikels zunächst als Experte für dieses Thema gesehen wird. Aufgrund der fehlenden eigenen fachlichen Kompetenz ist man deshalb oft nicht in der Lage, die Inhalte eines Berichtes auf fachliche Richtigkeit hin zu überprüfen.
Ziel dieser Unterrichtseinheit ist es, diverse Artikel und Berichte auf deren Glaubwürdigkeit hin zu überprüfen und gegebenenfalls zu „enttarnen". Die Schülerinnen und Schüler sollen zu kompetenten und mitdenkenden Lesern gemacht werden.
Um einen Artikel auf seine Glaubwürdigkeit hin zu überprüfen, ohne sich in den Sachverhalt über den Artikel hinaus einzuarbeiten, können seine äußeren Merkmale überprüft werden. Um die äußeren, formalen Merkmale eines Artikels zu beurteilen, sollten Fragen nach Angabe des Autors und dessen Reputation, nach Quellenangaben und gegebenenfalls einem Literaturverzeichnis sowie nach Querverweisen und Sachbezügen zu anderen Artikeln gestellt werden. Außerdem ist zu klären, ob die dargestellten Ereignisse sich auf sachliche Inhalte beschränken, ob die Behauptungen an Bedingungen bzw. Voraussetzungen gebunden werden und ob der dargestellte Sachverhalt in einem größeren und auch erkennbaren Zusammenhang dargestellt ist.

Fragebogen erstellen: Leserbefragung

✓ **Zeit:** 2–3 Unterrichtsstunden

✓ **Material:** Arbeitsergebnisse bezüglich Kategorien, Werbung etc., KV (Seite 43, dabei handelt es sich um ein Beispiel, welches während eines Zeitschriftenprojektes in einer Klasse entstanden ist)

✓ **Vorbereitung:** keine

Lernziele:

- Begriff „Zielgruppe“ kennen
- Erkennen, welche Informationen man über die Zielgruppe benötigt
- Verschiedene Formen von Umfragen kennen
- Fragebogen erstellen können

Didaktisch-methodische Gestaltung:

Im Rahmen der Erstellung einer eigenen Jugendzeitschrift kann im Hinblick auf die Zielgruppe eine Umfrageaktion thematisiert und möglichst auch durchgeführt werden. Die Schülerinnen und Schüler setzen sich so mit den für einen Zeitschriftenverleger relevanten Fakten auseinander und lernen unterschiedliche Möglichkeiten kennen, Marktforschung zu betreiben.
Entscheidet man sich für einen Fragebogen, sollte man zunächst verschiedene Formen eines Fragebogens besprechen. Inhalte des Fragebogens können gemeinsam mit den Schülerinnen und Schülern gesammelt werden. Alternativ kann diese Arbeit auch zunächst in Kleingruppen geschehen und anschließend zusammengetragen werden. Wenn ein Fragebogen erstellt wurde, wäre es natürlich optimal, wenn er in Parallelklassen bzw. der entsprechenden Zielgruppe wirklich ausgeteilt und ausgefüllt wird.

Variation:

Es können unterschiedliche Gruppen gebildet werden, die verschiedene Methoden der Marktforschung (z. B. Befragungen, Fragebögen etc.) ausprobieren. Im Anschluss können dann Ergebnisse sowie Erfahrungen bezüglich des Zeitaufwandes, der Effektivität und der Verwertbarkeit der Ergebnisse vorgestellt und diskutiert werden.

Name: ______________________ **Datum:** ______________ KV

Wie sieht's aus? – Eine Leserbefragung durchführen

Bevor eine neue Zeitschrift auf den Markt kommt, muss man herausfinden, was die Leser wollen. Also startet man eine Umfrage.

➡ Überlege mit einem Partner, welche Informationen für Zeitungsmacher wichtig sind. Was wollen sie von ihren Lesern wissen?

➡ Erstellt gemeinsam einen Fragebogen.

! Am leichtesten kann man Fragebögen auswerten, bei denen man die Antworten nur ankreuzen muss. Berücksichtigt das bei euren Überlegungen.

Welche Angaben zur Person benötigt man für die Auswertung?

____

____

____

____

Welche Bereiche sind für die Zeitschrift wichtig und sollen abgefragt werden?

____

____

____

____

____

____

Name: ______________________ **Datum:** ______________ **KV**

Fragebogen über Zeitschriften und Interessen

Alter ________ Klasse ________ ☐ Junge ☐ Mädchen

Welches Hobby hast du?

- ☐ Handy
- ☐ lesen
- ☐ fernsehen
- ☐ Fußball
- ☐ Basketball
- ☐ Handball
- ☐ anderer Sport
- ☐ Musik hören
- ☐ Musik machen
- ☐ Briefe/E-Mails schreiben
- ☐ chatten
- ☐ einkaufen
- ☐ etwas sammeln
- ☐ ______________________

Welche Zeitschrift liest du am liebsten?

- ☐ Bravo
- ☐ Bravo Girl!
- ☐ Bravo Sport
- ☐ Mädchen
- ☐ Yam!
- ☐ Popcorn
- ☐ Young Miss
- ☐ Ein Herz für Tiere
- ☐ Starflash!
- ☐ Chica
- ☐ GZSZ
- ☐ ______________________

Welche Kategorien interessieren dich am meisten?

- ☐ Musik
- ☐ Liebe
- ☐ Berichte über Menschen
- ☐ Freizeit
- ☐ Tiere
- ☐ Sport
- ☐ Autos/Motorräder
- ☐ PC
- ☐ Sexualität
- ☐ Stars
- ☐ Brieffreundschaft
- ☐ Mode
- ☐ Schönheit
- ☐ TV/Kino
- ☐ Psychotests
- ☐ Witze
- ☐ Horoskope
- ☐ Computerspiele
- ☐ Rätsel
- ☐ Poster
- ☐ Leserbriefe
- ☐ Beratung

Was möchtest du gerne in einer Zeitschrift haben?

☐ viele Fotos und Bilder ☐ viel Text ☐ gleich viel Fotos und Text

Welcher Star oder welche Band interessiert dich am meisten?

____

Einen Bericht kürzen: Zusammenfassungen schreiben

✓ **Zeit:** 1–2 Unterrichtsstunden

✓ **Material:** diverse längere Artikel und Kurzmeldungen, KV (Seite 46)

✓ **Vorbereitung:** Materialbeschaffung, Auswahl der Artikel

Lernziele:

- sinnentnehmendes Lesen
- wesentliche Inhalte eines Textes erfassen
- gegebenenfalls Inhalte adressatenorientiert auswählen
- Aussagen eines Textes verkürzt, aber schlüssig und stringent wiedergeben

Didaktisch-methodische Gestaltung:

Im redaktionellen Alltag kommt es häufig vor, dass Artikel verfasst werden, die jedoch in der ursprünglichen Form nicht abgedruckt werden können. Will man die Informationen dennoch möglichst rasch an den Leser weitergeben, muss der Artikel so gekürzt werden, dass er in den redaktionellen Umfang der Zeitschrift passt.
Auf Grundlage dieses „Szenarios“ sollen die Schülerinnen und Schüler nun einen etwas längeren Bericht zu einer kurzen „Blitzlicht“-Nachricht zusammenfassen. Die wesentlichen Informationen und Aussagen des Textes müssen jedoch erhalten bleiben.
Um eine Textzusammenfassung schreiben zu können, ist es zunächst notwendig, die wesentlichen Inhalte und Kernaussagen des Textes zu erfassen. Sie sollten von den Schülerinnen und Schülern in Stichpunkten schriftlich festgehalten werden. Im Anschluss daran wird aus den Stichpunkten ein zusammenhängender Text erstellt.

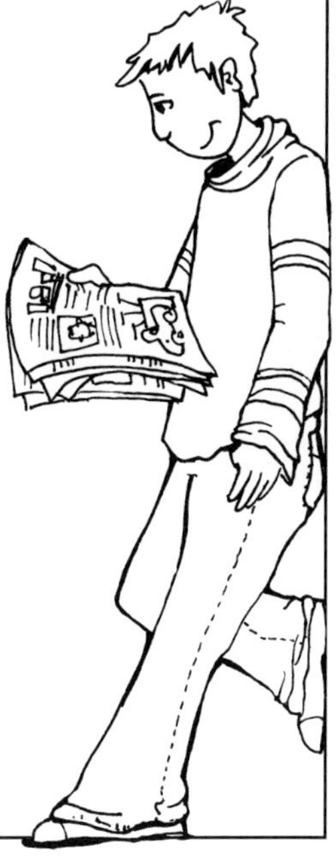

Name: ______________________ Datum: ______________ KV

Zu wenig Platz! – Einen Bericht kürzen

Ein Reporter hat einen Artikel verfasst. Leider ist in der Zeitschrift aber nicht genug Platz. Wenn der Artikel trotzdem gedruckt werden soll, muss er gekürzt werden.

- Lies dir den Artikel aufmerksam durch.
- Schreibe die Themen der einzelnen Abschnitte des Berichtes auf. Darunter kannst du dann in Stichworten die Informationen schreiben, die der Reporter dazu herausgefunden hat.

Thema: ______________________________

Stichworte: ______________________________

____

____

Thema: ______________________________

Stichworte: ______________________________

____

____

Thema: ______________________________

Stichworte: ______________________________

____

____

- Überlege gemeinsam mit einem Partner, welche dieser Informationen nicht unbedingt notwendig sind, und streiche sie weg.
- Schreibe nun den Artikel neu.

Einen Bericht zum Foto schreiben

✓ **Zeit:** 1–2 Unterrichtsstunden

✓ **Material:** diverse skurrile, witzige und zweideutige Starfotos, KV (Seite 48)

✓ **Vorbereitung:** Fotoauswahl treffen, Fotos auf kleine Pappkarten kleben, Fotos nummerieren

Lernziele:

- Assoziationen zu einem Bild strukturiert sammeln
- Texte planen, strukturieren
- dem Schreibziel und der Schreibsituation entsprechend schreiben
- Ereignisse in logischer Reihenfolge und in verständlichen Sätzen wiedergeben
- eine passende und „typische" Überschrift finden

Didaktisch-methodische Gestaltung:

Die Fotos sollten möglichst aus den Schülerinnen und Schülern unbekannten Zeitschriftenexemplaren sein. Wenn der dazugehörige Bericht bereits gelesen wurde, hemmt das natürlich den Ideenfluss, da bereits Inhalte mit dem Bild verknüpft wurden.
Die Bilder sollten auf einem Tisch ausliegen, sodass sich jeder das Foto nehmen kann, welches ihn am meisten anspricht.
Bevor die Schülerinnen und Schüler mit dem Schreiben beginnen, sollen sie ihre spontanen Assoziationen mit einer ihnen bereits bekannten Methode (Brainstorming, Mindmap, Cluster) festhalten. Es können zunächst auch mehrere Versionen der Überschrift aufgeschrieben werden. Aus dieser Ideensammlung sollen die Schülerinnen und Schüler sich eine Idee heraussuchen und dazu den Bericht verfassen.
Sind genügend Zeit und Motivation vorhanden, kann das Foto nach dem Verfassen des Berichtes wieder zurückgelegt und ein neues Foto ausgewählt werden.
Wenn die Berichte mit der Nummer des Bildes versehen sind, können alle zu dem Bild gehörigen Berichte um das Bild herum an die Ergebniswand gehängt werden. Es ist immer wieder spannend zu sehen, welche verschiedenen Ideen zu einem Foto aufkommen, oder aber auch, wie viele Schüler ähnliche Assoziationen hatten.

Variation:

Für die Foto-Berichte können auch von vornherein oder nach der ersten „freien Runde", vertiefende Arbeitsaufträge erteilt werden, z. B. „Schreibe einen traurigen/lustigen/spannenden Bericht."

Name: ______________________ **Datum:** ______________ KV

Gerüchteküche! – Einen (erfundenen) Bericht schreiben

In vielen Zeitschriften wird nicht immer genau die Wahrheit geschrieben. Manchmal denken sich Reporter auch Kleinigkeiten aus, um einen Bericht spannender zu machen. Oder sie stellen Vermutungen an, die Gerüchte hervorrufen. Oft entstehen solche Gerüchte, weil seltsame Fotos von Stars gemacht worden sind. Nur, weil Britney Spears auf einem Foto ein weites Kleid trägt, schreiben danach viele Zeitschriften: „Britney Spears – schwanger?“

➡ Suche dir eine der Foto-Karten aus.

➡ Schreibe die Nummer der Karte in den Stern, damit man deinen Bericht nachher zuordnen kann.

➡ Überlege, welche Gerüchte man zu diesem Starfoto erfinden könnte. Es kann etwas ganz Verrücktes und Ausgeflipptes, etwas Lustiges, Trauriges oder auch ein neutraler Bericht sein.

➡ Halte deine Ideen zunächst in einem Brainstorming oder einer Mindmap fest. Dann entscheidest du dich für einen Aspekt und schreibst dazu deinen Bericht.

➡ Finde eine kurze, plakative Überschrift für deinen Text, der die Leser neugierig macht.

Foto-Nr. ☆

Früher hieß es Kummerkasten: Leserbriefe lesen, verfassen und beantworten

✓ **Zeit:** 3–4 Unterrichtsstunden

✓ **Material:** Leserbriefe, KV (Seite 50–51)

✓ **Vorbereitung:**
1. Suchen Sie diverse Leserbriefe aus Zeitschriften aus und kleben Sie diese zu einer Kopiervorlage zusammen. Wenn genug Exemplare einer Zeitschrift vorhanden sind, können die Leserbriefe natürlich auch direkt in der Zeitschrift gelesen werden.
2. Kleben Sie einen möglichst repräsentativen Leserbrief auf den vorhandenen Platz auf die KV.
3. Tippen Sie die von den Schülerinnen und Schülern verfassten Leserbriefe entweder ab oder lassen Sie sie auf dem PC schreiben und einzelne auf Karten/Zettel drucken.

Lernziele:

- unterschiedliche Perspektiven der Beratung per Leserbrief herausstellen und differenziert betrachten können
- ein Problem kurz und prägnant schildern können
- eine konkrete Frage zu einem Problem formulieren können
- Struktur eines Antwortschreibens erkennen können
- Antwortschreiben nach vorgegebener Struktur und erarbeiteten Prinzipien erstellen können
- empathisch schreiben
- selbsterstellte Texte kontrollieren und überarbeiten

Didaktisch-methodische Gestaltung:

In dieser Unterrichtssequenz geht es um Beratungsseiten. Den Aspekt Sexualität sollte man zunächst ausklammern und in einer separaten Unterrichtsequenz behandeln. Zunächst sollten verschiedene Briefe gelesen werden. Thema des anschließenden Gespräches können Art, Inhalt und Schwere der in den Briefen angesprochenen Probleme sein. Gefühle, Wünsche und Hoffnungen, die ein Leser mit dem Schreiben eines solchen Briefes verbindet und die Motivation zum Einsenden des Briefes waren, können ebenfalls thematisiert werden. Welche Wirkung haben solche Leserbriefe auf den Leser? Welche Motivation haben die Zeitungsmacher, solche Leserbriefe abzudrucken? Wer liest Leserbriefe und warum?
Im Anschluss daran sollten die Antworten der jeweiligen Beratungsteams im Hinblick auf Aufbau und Wortwahl analysiert werden. Es sollten Kriterien für Antwortschreiben dieser Art erstellt und festgehalten werden (siehe KV). Erteilte Ratschläge und Hilfestellungen können im Hinblick auf konkrete Umsetzbarkeit und individuellen Bezug zur Person diskutiert werden. Ist die Antwort auf den Leserbrief eine echte Hilfestellung oder nur eine Vertröstung? Wie konkret können Hilfestellungen in diesem Rahmen überhaupt sein?
Die Schülerinnen und Schüler sollen dazu angeregt werden, selbst Leserbriefe zu verfassen. Da nicht erwartet werden kann, dass sie sich vor der gesamten Klasse offenbaren und eigene Probleme schildern, sollten mögliche Probleme gesammelt oder vorgegeben werden, anhand derer fiktive Leserbriefe geschrieben werden können.
Diese Leserbriefe sollten entweder sehr ordentlich per Hand oder mit dem PC geschrieben werden, damit man sie in der weiteren Unterrichtssequenz wieder verwenden kann. Alle verfassten Leserbriefe werden nämlich im Anschluss in einen Topf geworfen. Jeder bzw. jede zieht nun einen Leserbrief, den er oder sie nun entsprechend der zuvor erarbeiteten Form beantworten soll. Mögliche Ratschläge können im Anschluss daran wieder zur Diskussion gestellt werden.

Information:

Beratungsseiten findet man unter anderem in der Zeitschrift *Mädchen* (in der Rubrik „Frag Gabi“).

Name: ______________________ Datum: ______________ KV

Leserbriefe

(aktuelles Beispiel aus einer Jugendzeitschrift einkleben)

➡ Suche dir ein Thema aus. Denke dir dann einen Jungen oder ein Mädchen aus, das dieses Problem hat. Schreibe den Leserbrief so, als ob ihn dieser Junge oder dieses Mädchen geschrieben hätte.

- schlechtes Zeugnis
- Hausarrest für 2 Wochen
- darf auf keine Party gehen
- muss immer schon um 18 Uhr zu Hause sein, würde gern länger wegbleiben
- mit einem Jungen/Mädchen zusammen, traue mich nicht, ihn/sie zu küssen
- ständig Streit mit der besten Freundin/dem besten Freund
- noch nie einen Freund/eine Freundin gehabt
- nachts immer Alpträume
- Mutter liest im Tagebuch und wühlt im Zimmer herum
- zu wenig/gar kein Taschengeld
- in der Schule bedroht werden
- Liebeskummer, weil der Schwarm nicht genauso verliebt ist
- Liebeskummer, weil ich mich getrennt habe

Name: ______________________ Datum: ______________ KV

Leserbriefe beantworten

Beantworte die Leserbriefe, wie du es in den Beispielen kennengelernt hast.
Denke daran:

! Sei immer freundlich und höflich.

! Nimm das Problem ernst.

! Beschreibe zuerst die Situation, wie du sie siehst.

! Versuche dann, einen Tipp zu geben, wie man das Problem lösen könnte.

(selbst verfasste Leserbriefe der Schüler einkleben)

Leserbeiträge verfassen I: Erlebnisbericht

✓ **Zeit:** 2–3 Unterrichtsstunden
✓ **Material:** diverse von Lesern verfasste Berichte
✓ **Vorbereitung:** Berichte zu einer Kopiervorlage zusammenfassen

Lernziele:

- Aufbau eines Erlebnisberichtes kennen
- Erlebnisbericht nach dreigliedrigem Prinzip (Einleitung, Hauptteil, Schluss) schreiben
- dem Schreibziel und der Schreibsituation entsprechend schreiben
- Ereignisse in logischer Reihenfolge und in verständlichen Sätzen wiedergeben
- unterschiedliche Satzanfänge und treffende Wörter verwenden
- selbst erstellte Texte kontrollieren und überarbeiten

Didaktisch-methodische Gestaltung:

Zunächst werden verschiedene Erlebnisberichte aus Jugendzeitschriften gelesen. Unter Umständen sollten Berichte unterschiedlicher Qualität und Länge herausgesucht werden, um diese miteinander zu vergleichen und den notwendigen Aufbau sowie die Regeln beim Verfassen eines Erlebnisberichtes deutlich werden zu lassen.
Am besten schreiben die Schülerinnen und Schüler einen Bericht über etwas, was sie wirklich erlebt haben. Unter Umständen kann es ihnen jedoch leichter fallen, zunächst zu einem vorgegebenen Thema etwas zu schreiben bzw. sich aus einer kleinen Themenliste etwas auszuwählen, über das sie einen fiktiven Erlebnisbericht schreiben.
Die Berichte können in sogenannten Schreibkonferenzen überarbeitet, auf dem PC geschrieben und anschließend an einer Pinnwand oder Ähnlichem veröffentlicht werden.
In manchen Klassen bietet es sich an, im Vorfeld unterschiedliche Satzanfänge sowie eine Auswahl an Synonymen für häufig verwendete Verben zu erarbeiten bzw. das Wissen darüber aufzufrischen. Eine Bearbeitung der Berichte hinsichtlich dieser Aspekte kann ebenfalls in den Schreibkonferenzen erfolgen.

Information:

Erlebnisberichte findet man unter anderem zu den Themen: „Dumm gelaufen“ (*Mädchen*), „Keine Panik“ (*BRAVO*), „Geschichten zum Gruseln“ (*Mädchen*), „Pinboard“ (*Yam!*)

Leserbeiträge verfassen II: Pro und Kontra

✓ **Zeit:** 2–3 Unterrichtsstunden

✓ **Material:** diverse von Lesern verfasste Berichte, KV (Seite 54)

✓ **Vorbereitung:** Berichte zu einer Kopiervorlage zusammenfassen

Lernziele:

- Probleme aus verschiedenen Perspektiven betrachten
- Pro- und Kontra-Argumente finden
- verschiedene Positionen einnehmen
- sachlich argumentieren

Didaktisch-methodische Gestaltung:

In verschiedenen Zeitschriften werden immer wieder aktuelle brisante Themen aufgeworfen und die Leser aufgefordert, sich dazu zu äußern. Gelegentlich erscheinen auch zwei Berichte, die gegenteilige Meinungen zweier Leser oder Stars gegenüberstellen. Dies kann aufgegriffen werden, um die Schülerinnen und Schüler an eine Pro- und Kontra-Diskussion heranzuführen und kann in eine Verschriftlichung münden oder aber Grundlage eines Unterrichtsgespräches oder einer (gespielten) Diskussionsrunde sein, z. B. im Redaktionsteam der Zeitschrift.
Wenn der Klasse eine Pro- und Kontra-Diskussion noch nicht bekannt ist, bietet es sich an, eine Diskussion, bzw. einen Bericht, gemeinsam mit den Schülerinnen und Schülern vorzubereiten und sie erst im zweiten Schritt eigenständig an einem Pro- und Kontra-Bericht arbeiten zu lassen.
Die Schülerinnen und Schüler sollen zunächst zu einem vorgegebenen (oder selbst gefundenen) Thema Pro- und Kontra-Argumente auflisten. Dann kann man gemeinsam in einem Unterrichtsgespräch näher beleuchten, ob es sich bei den Argumenten nur um allgemeine Floskeln handelt und welche Argumente einer genaueren Prüfung standhalten. Nun soll versucht werden, auf einen Kompromiss hinzuarbeiten und einen Lösungsvorschlag für das Problem zu machen.
Die so zusammengetragenen Ergebnisse sollen die Schülerinnen und Schülern in einem strukturierten Aufsatz zusammenfassen. Dabei gibt es zum einen die Möglichkeit, zunächst alle Pro- und dann alle Kontra-Argumente aufzulisten und abschließend zu einem Kompromiss zu kommen. Dies ist die übersichtlichere Variante. Lebhafter wird der Bericht jedoch, wenn jedes Pro-Argument sofort mit einem Kontra-Argument beantwortet wird (oder umgekehrt), sodass der Eindruck eines Streitgespräches entsteht.

Variation:

Jeder soll sich für einen Standpunkt entscheiden und einen Leserbrief aus dieser Sicht zum Thema verfassen.

Themenauswahl:

- Handy-Verbot an Schulen?
- Führerschein mit 16?
- Haschisch legalisieren?
- Rauchverbot an öffentlichen Schulen – auch für Lehrer?
- Volljährig mit 16, 18 oder 20?
- Alkohol- und Nikotinwerbung im Fernsehen und bei Sportanlässen?
- Werbung in Schulen?
- Noten oder Wortbeurteilungen?
- Big Brother und Dschungelcamp – muss das sein?

Name: ______________________ Datum: ______________ KV

Pro und Kontra oder These und Antithese

➡ Suche dir ein Thema aus, das dich interessiert und zu dem es sehr gegenteilige Meinungen geben kann. Vielleicht suchst du etwas aus, was gerade aktuell in den Medien und in der öffentlichen Diskussion ist.

➡ Sammle nun Argumente dafür (Pro) und Argumente dagegen (Kontra). Versuche anschließend auch, einen Kompromiss zu finden.

➡ Liste die Argumente zunächst in der Tabelle auf und schreibe dann einen Bericht für die Zeitschrift.

PRO	KONTRA

KOMPROMISS

Starrätsel verfassen

✓ **Zeit:** 1–2 Unterrichtsstunden
✓ **Material:** diverse Starfotos oder Poster
✓ **Vorbereitung:** gegebenenfalls Posterauswahl treffen

Lernziele:

- wesentliche Merkmale einer Person erkennen und beschreiben können
- Verwendung treffender Begriffe und Beschreibungen

Didaktisch-methodische Gestaltung:

Das Star-Rätsel soll auf Grundlage einer Personenbeschreibung erstellt werden. Die Personenbeschreibung ist eine sachliche Darstellung äußerer Merkmale eines Menschen und muss abgegrenzt werden von der Charakteristik, bei der man auch Charakter und Verhalten einer Person beschreibt und beurteilt.
Die Schülerinnen und Schüler sollen zunächst die Strukturen und notwendigen Inhalte einer Personenbeschreibung kennenlernen. Unter Umständen bietet es sich an, zu bestimmten Aspekten eine Wörtersammlung zu erstellen, damit die Schülerinnen und Schüler eine größere Variationsbreite für ihre Beschreibungen haben.
Verschiedene Star-Poster können an die Tafel gehängt werden. Jeder Schüler entscheidet sich jetzt für einen Star, den er genauer beschreiben will. Wenn zu einem Star verschiedene Aufnahmen vorhanden sind (z. B. Portrait und Ganzkörperaufnahme, im Bikini oder vollständig bekleidet), sollten alle Aufnahmen angeboten werden, damit die Beschreibung detaillierter werden kann. Bei Portraitaufnahmen kann das Gesicht genauer beschrieben, jedoch nichts über die Körpergröße gesagt werden. In Bikini oder Badehose werden vielleicht O-Beine oder eine Narbe am Knie sichtbar, bei vollständiger Bekleidung kann etwas über den bevorzugten Modestil ausgesagt werden.

Name: ______________________ Datum: ______________

KV

Personenbeschreibung

Die Personenbeschreibung ist eine sachliche Darstellung äußerer Merkmale eines Menschen. Wir brauchen vor allem Adjektive, um genau beschreiben zu können.

➡ Unterstreiche die Adjektive, die sich auf das Äußere einer Person beziehen. Streiche die Adjektive durch, die etwas über den Charakter und das Verhalten einer Person aussagen.

groß gewachsen, aufbrausend, gelockt, faul, hübsch, ehrlich, anmutig, jugendlich, fröhlich, blond, breit gebaut, ängstlich, schmächtig, bleich, neugierig, plump, selbstsicher, klein, gepierct, schnell, langhaarig, kräftig, langbeinig, laut, athletisch, witzig, tätowiert, klug, glatzköpfig, unrasiert

Folgende Aspekte sollten immer in einer Personenbeschreibung enthalten sein:

- Alter
- Geschlecht
- Größe
- Gestalt/Figur
- Gesicht
- Haare
- Kleidung
- Körperhaltung
- Bewegung
- besondere Kennzeichen

Wer ist es? – Ein Star-Rätsel schreiben

➡ Suche dir eins von den Starfotos aus, die an der Tafel hängen. Verrate aber niemandem, für welchen Star du dich entschieden hast.

➡ Beschreibe den Star nun ganz genau. Welches Geschlecht hat er? Welche Farbe haben seine Haare, seine Augen, seine Haut? Ist er groß oder klein, dick oder dünn? Versuche, alle Details aufzuschreiben. Sage auch etwas zu seiner Kleidung und seiner Frisur.

➡ Lies nun dein Star-Rätsel vor. Können die anderen erraten, wen du dir ausgesucht hast?

Film-, CD- oder Konzertkritik schreiben

✓ **Zeit:** 1–2 Unterrichtsstunden

✓ **Material:** diverse Filmberichte, -kritiken, CD-Kritiken

✓ **Vorbereitung:** gegebenenfalls gemeinsamer Kino-Besuch oder Video ausleihen

Lernziele:

Film

- Hauptthema des Films nennen können
- Charaktere im Film beschreiben
- Milieu des Films einordnen
- Film kritisch betrachten können
- Handlung und „special effects“ bei der Bewertung trennen können

CD

- Musikrichtung nennen
- inhaltliche Angaben zu den Texten machen
- gegebenenfalls zusätzliche Features bewerten
- Preis-Leistungsverhältnis bewerten

Konzert

- Musikrichtung nennen
- Preis-Leistungsverhältnis bewerten (Dauer, Anzahl der Vorbands)
- Qualität bewerten (Live-Auftritt versus Studioaufnahme)
- Räumlichkeiten beschreiben und bewerten
- Organisation und Sicherheitsaspekte beschreiben und bewerten

Didaktisch-methodische Gestaltung:

In Zeitschriften findet man sowohl Inhaltsbeschreibungen eines aktuellen Kinofilmes, als auch kurze Filmkritiken oder eine Mischung aus beidem. Filme bieten vielfältige Möglichkeiten für Schreibanlässe. Unter Umständen kann es sich anbieten, einen Film gemeinsam mit den Schülerinnen und Schülern zu sehen, im Anschluss daran darüber zu sprechen und eine gemeinsame Filmkritik zu verfassen.
Bei CDs bietet es sich an, wenn jeder Schüler seine aktuelle Lieblings-CD beschreibt und gegebenenfalls auch in der Klasse vorstellt.

Lesergedichte lesen, besprechen und selbst verfassen

✓ **Zeit:** 2–3 Unterrichtsstunden

✓ **Material:** diverse Gedichtseiten aus Jugendzeitschriften

✓ **Vorbereitung:** Lesergedichte aus unterschiedlichen Zeitschriften heraussuchen und als Kopiervorlage zusammenstellen. Sind für alle Schülerinnen und Schüler Exemplare vorhanden, kann auch direkt in den Zeitschriften gelesen werden.

Lernziele:

- unterschiedliche Gedichtformen kennenlernen
- Gedichte nach vorgegebener Struktur selbst verfassen
- über Gedichte sprechen, Gefühle und Stimmungen erkennen können

Didaktisch-methodische Gestaltung:

Die ausgewählten Gedichte können mit den Schülerinnen und Schülern gemeinsam gelesen werden. Besonderheiten (z. B. vorhandener bzw. nicht vorhandener Reim) können besprochen werden. Ein Vergleich moderner und klassischer Lyrik bietet sich an. Häufig fällt es den Schülerinnen und Schülern leichter, Zugang zu den sehr laienhaften Gedichten einer Jugendzeitschrift zu finden als zu den „Klassikern". Sie bedienen sich einer ihnen bekannten Sprache und schrecken nicht durch einen „literarischen Anspruch" ab. Hat man über diese Gedichte einen Zugang zu den Schülerinnen und Schülern gefunden, kann es unter Umständen leichter sein, auch Gedichte bekannter Lyriker zu thematisieren. Gelegentlich lassen sich sogar deren Stilmittel auch in Ansätzen in den Gedichten aus den Jugendzeitschriften wiederfinden.
Im Anschluss an eine Analyse der Gedichte sollen die Schülerinnen und Schüler angeregt werden, selbst kleine Gedichte zu verfassen. Es wurden für den Einstieg einfache, strukturierte Formen ausgewählt. Selbstverständlich sollte man den Schülerinnen und Schülern auch die Freiheit lassen, eigene Formen zu finden, wenn sie dies möchten.
Die Ergebnisse können in Form einer Lesung oder an einer Gedicht-Wand präsentiert werden.

Variation:

Als Einstieg wird die Vorauswahl nicht vom Lehrer getroffen, sondern von den Schülerinnen und Schülern. Jeder darf sich ein Gedicht heraussuchen, das er besprechen, den anderen vorstellen und gemeinsam mit den anderen analysieren möchte.

Name: ______________________ **Datum:** ______________ **KV**

Gedankensprünge und Gedichte

Manche Gedanken und Gefühle, Wünsche, Hoffnungen oder Ängste kann man besonders gut in Gedichten ausdrücken.
Nicht alle Gedichte reimen sich und das müssen sie auch nicht! Oft ist es viel zu anstrengend, wenn man erst einen richtigen Reim suchen muss und man dann nicht genau das ausdrücken kann, was man möchte.
Gedichte leben von der Beobachtung, von der Überraschung, von Gefühlsstimmungen und vom Wiederaufnehmen wichtiger Worte und Gedanken. Oft haben sie einen Rhythmus oder ein Klangmuster. Manchmal stecken in einem Gedicht verborgene Bilder, die unsere Sinne anregen.

Elfchen

Dieses Gedicht besteht nur aus 11 Wörtern. Die Besonderheit ist die Anordnung der Wörter. Jeder Strich bedeutet ein Wort.

______

______ ______

______ ______ ______

______ ______ ______ ______

______

Man kann auch für jede Zeile festlegen, was eingesetzt werden darf:

______
(Adjektiv)

______ ______
(Nomen mit Artikel)

______ ______ ______
(Verb) (Verb) (Verb)

______ ______ ______ ______
(Ein ganzer Satz)

______
(Adjektiv)

➡ Entscheide selbst, welche Form dir besser gefällt.

Name: ______________________ **Datum:** ______________ KV

Gedankensprünge und Gedichte

Manche Gedanken und Gefühle, Wünsche, Hoffnungen oder Ängste kann man besonders gut in Gedichten ausdrücken.
Nicht alle Gedichte reimen sich und das müssen sie auch nicht! Oft ist es viel zu anstrengend, wenn man erst einen richtigen Reim suchen muss und man dann nicht genau das ausdrücken kann, was man möchte.
Gedichte leben von der Beobachtung, von der Überraschung, von Gefühlsstimmungen und vom Wiederaufnehmen wichtiger Worte und Gedanken. Oft haben sie einen Rhythmus oder ein Klangmuster. Manchmal stecken in einem Gedicht verborgene Bilder, die unsere Sinne anregen.

Diamant-Gedicht

Ein Diamant-Gedicht hat eine festgelegte Anzahl von Wörtern für jede Zeile.
Dadurch erhält es eine äußere Form, die wie ein Diamant aussieht.

Ein Diamant-Gedicht hat 9 Zeilen:
Die erste Zeile besteht nur aus einem einzigen Wort. Von Zeile 2 bis 5 kommt in jeder Zeile ein Wort hinzu. Die Zeile 5 hat also fünf Wörter.
Danach hat jede Zeile wieder ein Wort weniger, sodass die 9. Zeile wieder nur aus einem einzigen Wort besteht.

____

__________ __________

__________ __________ __________

__________ __________ __________ __________

__________ __________ __________ __________ __________

__________ __________ __________ __________

__________ __________ __________

__________ __________

____

Name: ______________________ Datum: ______________ KV

Gedankensprünge und Gedichte

Manche Gedanken und Gefühle, Wünsche, Hoffnungen oder Ängste kann man besonders gut in Gedichten ausdrücken.
Nicht alle Gedichte reimen sich und das müssen sie auch nicht! Oft ist es viel zu anstrengend, wenn man erst einen richtigen Reim suchen muss und man dann nicht genau das ausdrücken kann, was man möchte.
Gedichte leben von der Beobachtung, von der Überraschung, von Gefühlsstimmungen und vom Wiederaufnehmen wichtiger Worte und Gedanken. Oft haben sie einen Rhythmus oder ein Klangmuster. Manchmal stecken in einem Gedicht verborgene Bilder, die unsere Sinne anregen.

Haiku

Ein Haiku ist eine japanische Gedichtform. Es besteht aus drei Zeilen.
In der 1. Zeile stehen 5 Silben.
In der 2. Zeile stehen 7 Silben.
In der 3. Zeile stehen 5 Silben.

Name: ____________________ Datum: ____________ KV

Gedankensprünge und Gedichte

Manche Gedanken und Gefühle, Wünsche, Hoffnungen oder Ängste kann man besonders gut in Gedichten ausdrücken.
Nicht alle Gedichte reimen sich und das müssen sie auch nicht! Oft ist es viel zu anstrengend, wenn man erst einen richtigen Reim suchen muss und man dann nicht genau das ausdrücken kann, was man möchte.
Gedichte leben von der Beobachtung, von der Überraschung, von Gefühlsstimmungen und vom Wiederaufnehmen wichtiger Worte und Gedanken. Oft haben sie einen Rhythmus oder ein Klangmuster. Manchmal stecken in einem Gedicht verborgene Bilder, die unsere Sinne anregen.

Kettengedicht

Bei diesem Gedicht brauchst du nur vier Wörter. Am besten überlegst du dir zuerst, ob du nur Nomen, nur Verben oder nur Adjektive verwendest.
Die Symbole stehen immer für ein Wort. Schreibe deine vier Wörter nach diesem Schema auf das Blatt. Das letzte Wort hat eine große Bedeutung; man kann damit deutlich machen, worum es in dem Gedicht geht.

■ ____________ ▶ ____________ ● ____________ ⊡ ____________

■ ____________

■ und ▶ ____________ und ____________

▶ ____________

▶ und ● ____________ und ____________

● ____________

● und ■ ____________ und ____________

■ und ▶ und ● ____________ und ____________ und ____________

⊡ ____________

Name: ______________________ Datum: ______________ KV

Gedankensprünge und Gedichte

Manche Gedanken und Gefühle, Wünsche, Hoffnungen oder Ängste kann man besonders gut in Gedichten ausdrücken.
Nicht alle Gedichte reimen sich und das müssen sie auch nicht! Oft ist es viel zu anstrengend, wenn man erst einen richtigen Reim suchen muss und man dann nicht genau das ausdrücken kann, was man möchte.
Gedichte leben von der Beobachtung, von der Überraschung, von Gefühlsstimmungen und vom Wiederaufnehmen wichtiger Worte und Gedanken. Oft haben sie einen Rhythmus oder ein Klangmuster. Manchmal stecken in einem Gedicht verborgene Bilder, die unsere Sinne anregen.

Akrostichon

Bei einem Akrostichon (griech. *akron*: Spitze und *stichos*: Vers) bilden die Anfangsbuchstaben aufeinanderfolgender Wörter oder Sätze einen Begriff. Es war schon im Altertum bekannt und hatte damals oft eine magische Funktion.
Schreibe das Thema deines Gedichtes in Großbuchstaben untereinander auf:
Jetzt suchst du Verben oder Adjektive, die zu diesem Thema passen. Der Anfangsbuchstabe dieser Verben und Adjektive ist gleichzeitig einer der Buchstaben deines Themas.
Du kannst auch kurze Sätze schreiben, die mit den Buchstaben deines Themas anfangen.

Beispiel 1

T raurig
H ilflos
E insam
M utmachen
A llein?

Beispiel 2

T auchen im Meer
H errliche Wellen
E infach nur ausspannen
M al keine Hektik
A m Strand

Fotostory selber machen I: Drehbuch verfassen

✓ **Zeit:** 1–2 Unterrichtsstunden

✓ **Material:** diverse Fotoromane, KV (Seite 65)

✓ **Vorbereitung:** Auswahl der Fotoromane

Lernziele:

- Texte planen
- dem Schreibziel und der Schreibsituation entsprechend schreiben
- Ereignisse in logischer Reihenfolge wiedergeben
- Handlungsstränge entwickeln
- dialogisch schreiben

Didaktisch-methodische Gestaltung:

Die Erstellung einer Fotostory hat einen hohen Aufforderungscharakter, stellt jedoch auch hohe Ansprüche an die Kompetenzen der Schülerinnen und Schüler, insbesondere an deren Teamfähigkeit. Da sehr viele Aspekte berücksichtigt werden müssen, bietet es sich an, die Unterrichtssequenzen vorzustrukturieren und den Schülerinnen und Schülern ausführliche Hilfen anzubieten. Vorsicht: Hierbei ist es nur ein schmaler Grad zwischen hilfreicher Lenkung und Einengung und Bremsung der Kreativität!
Zur Vorbereitung sollten unterschiedliche Fotoromane gelesen, verglichen und wichtige Eckpunkte der Gestaltung, des Aufbaus und der Struktur festgehalten werden.
In Kleingruppen werden dann die Geschichten entwickelt und ein Handlungsort ausgewählt. Nachdem die Protagonisten festgelegt wurden, sollte für jede handelnde Person ein Charakterbild erstellt werden. Unter Umständen kann es helfen, die Beziehungen der Personen untereinander durch eine kurze Skizze (in Anlehnung an ein Soziogramm) zu verdeutlichen.

Variation:

Die Fotostory wird mit der gesamten Klasse erstellt und nach einer gemeinsamen Ideensammlung werden Gruppen gebildet, die für die unterschiedlichen Bereiche zuständig sind (z. B. Drehbuch, Darsteller, Fotogestaltung und -bearbeitung, Sprechblasentexte).
Wenn keine neue Fotostory erstellt werden soll, ist auch eine Fortsetzung eines vorhandenen Fotoromans denkbar. Hierbei sind die Charaktere sowie der Handlungsort bereits vorgegeben, was eine Senkung des Anforderungsniveaus bedeutet.

Name: ______________________ Datum: ______________

KV

Fotostory

➡ Eine Fotostory sollte gut geplant werden. Füllt zunächst die leeren Zeilen aus.

Thema: ____

Ort der Handlung (1): ____

Welche wenigen Elemente machen diesen Handlungsort erkennbar?
(z. B. Strauch = Garten, Tafel = Schule)

____

____

Ort der Handlung (2): ____

Welche wenigen Elemente machen diesen Handlungsort erkennbar?

____

____

Protagonisten/handelnde Personen (nicht zu viele!):

____

____

➡ Erstellt ein Charakterbild: Sammelt zu den jeweiligen Charakteren Eigenschaften, Hobbys etc. die ihn oder sie besser und genauer beschreiben, sodass man sich wirklich einen bestimmten „Typ" vorstellen kann.

______	______	______	______
______	______	______	______
______	______	______	______
______	______	______	______
______	______	______	______

✓ **Zeit:** 2–3 Unterrichtsstunden

✓ **Material:** Drehbücher, Digitalkamera, PC

✓ **Vorbereitung:** Auswahl an Requisiten zusammenstellen

Lernziele:

- Texte szenisch gestalten
- Rollenspiele zu Situationen entwickeln
- Texte handlungsorientiert umsetzen (Bilder zu Texten)
- einfache Mittel der Mimik und Gestik bei Rollenspielen einsetzen
- Körperhaltung und andere nonverbale Kommunikationsmittel situationsgerecht einsetzen
- Perspektiven und ihre Wirkung berücksichtigen
- mit digitalisierten Bildern umgehen, Bilder erstellen, selbst gestalten und mit ihnen experimentieren
- zielgerichtet informationstechnische Werkzeuge nutzen (Scanner, Digitalkamera, Ein- und Ausgabegeräte, Hard- und Software)

Didaktisch-methodische Gestaltung:

Die zuvor erstellte Handlung muss nun szenisch umgesetzt und auf Fotos festgehalten werden. Die Schülerinnen und Schüler sollten Zeit genug haben, verschiedene Posen, Gesichtsausdrücke, Aufstellungen und Perspektiven zu erproben.
Die Geschichte muss auf wenige Fotos und wichtige Szenen reduziert werden. Daher sollte man, bevor die Fotos gemacht werden, zunächst die Anzahl der Fotos genau festlegen. Wenn sich die Gruppenmitglieder über die Gestaltung einer Szene nicht einig sind, können mehrere Versionen fotografiert werden und im Anschluss wird dann entschieden, welches Foto sich besser in das Gesamtkonzept der Fotostory einfügt.
Eine Bildauswahl kann am PC erfolgen, wenn sich die Schülerinnen und Schüler mit der entsprechenden Software auskennen.

Fotostory selber machen III: Sprechblasentexte

✓ **Zeit:** 1 Unterrichtsstunde

✓ **Material:** Digitalfotos, PC, entsprechende Software

✓ **Vorbereitung:** keine

Lernziele:

- kurze Dialogtexte verfassen
- Sprachstil dem zuvor beschriebenen Charakter anpassen
- verbindende und erklärende Texte formulieren können
- Reihenfolge des Dialoges bei der Anordnung der Sprechblasen beachten

Didaktisch-methodische Gestaltung:

Die Sprechblasen werden nach erfolgter Bildauswahl entweder am PC eingefügt oder auf die ausgedruckten bzw. entwickelten Fotos aufgeklebt.
Aus dem zuvor geschriebenen Drehbuch müssen nun Dialoge den Fotos angepasst und gegebenenfalls gekürzt werden. Unter Umständen müssen zusätzlich zu den Dialogen in der Sprechblase erklärende oder die unterschiedlichen Szenen verbindende Texte eingefügt werden. Bei der Anordnung der Sprechblasen ist zu beachten, dass diese dem Verlauf des Dialoges angepasst ist. (Gelesen wird von links nach rechts und von oben nach unten!)

Variation:

Wenn keine eigene Fotostory erstellt wird, können auch die Sprechblasentexte aus vorhandenen Fotostorys gelöscht werden. Die Schülerinnen und Schüler erhalten nun die Aufgabe, sich anhand der Bilder in die Situation hineinzuversetzen, Mimik und Gestik der Darsteller zu deuten und die Sprechblasen mit eigenen Inhalten zu füllen.

Comics gestalten

Die Durchführung einer Unterrichtsreihe zur Erstellung eines Comics ähnelt dem Aufbau der Reihe zur Fotostory. Der künstlerische Aspekt wird jedoch noch stärker in den Vordergrund gerückt.

Horoskope schreiben

In jeder Zeitschrift sind sie zu finden. Kaum einer glaubt daran, aber alle lesen sie. Was ist dran an den Horoskopen in Zeitschriften? Wissenschaft oder Scharlatanerie?
Schwerpunkt zum Thema Horoskope kann die Vermittlung von Hintergrundwissen (Sozialpsychologie, Astronomie) sein und eine Grundlage bieten für die Einschätzung der Inhalte der Horoskope. Auch eine Beschäftigung mit der Astrologie (Tierkreiszeichen, Herkunft des Namens des Tierkreiszeichens, Zeitraum der Tierkreiszeichen) wäre in diesem Zusammenhang denkbar.

Über Mitschüler oder Lehrer einen Bericht schreiben

Im Stil eines Star-Berichtes können auch Berichte über Mitschüler oder Lehrer geschrieben werden. Grundlage des Berichtes sollte ein ausführliches Interview sein. Es können auch Aussagen von Bekannten oder Freunden hinzugezogen und Bildmaterial ergänzend zum Artikel hergestellt werden. Im Vorfeld könnte im Rahmen eines Unterrichtsgespräches die Arbeit eines Reporters, seine Verpflichtung gegenüber der Zeitschrift, den Lesern und gegenüber der Person, über die er einen Artikel verfasst, thematisiert werden.

Reaktion auf einen Zeitschriftenbeitrag an die Redaktion schreiben

In vielen Zeitschriften werden die Leser dazu angeregt, sich zu vorangegangenen Ausgaben zu äußern oder ergänzende Berichte zu schreiben. Im Rahmen der Analyse einer Zeitschrift könnte man einen Bericht zu einem bestimmten Aspekt der Zeitschrift verfassen. Gemeinsam mit den Schülerinnen und Schülern könnten Inhalte dieses Schreibens gesammelt und der Aufbau der Argumentations- oder Erzählstruktur des Leserbriefes vorstrukturiert werden.

Psychotest entwerfen

Gemeinsam mit den Schülerinnen und Schülern können Struktur und Intention dieser häufig vertretenen Tests untersucht und gegebenenfalls eigene Tests erstellt werden.

Kontaktanzeigen

Für einen Star soll eine Kontaktanzeige oder auch eine Anzeige in eigener Sache, z. B. für eine Brieffreundschaft, geschrieben werden (Rubrik wird in diversen Zeitschriften angeboten).

Top Ten erstellen

Analog zu der Umfrage bezüglich der Zielgruppe einer Zeitschrift, können auch Umfragen (klassen- oder stufenintern oder auch jahrgangsstufenübergreifend) durchgeführt und Rankings zu angesagten Musiktiteln, CDs, Bands, Stars, PC-Spielen u. Ä. erstellt werden.

Sportreporter: Andere Sprache, andere Welt?

✓ **Zeit:** 1 Unterrichtsstunde

✓ **Material:** diverse Artikel (Spielberichte) aus Sportzeitschriften, KV (siehe Seite 70–71)

✓ **Vorbereitung:** Auswahl der Artikel

Lernziele:

- sprachliche Bilder erkennen und deuten
- verschiedene Sprachstile unterscheiden und anwenden

Didaktisch-methodische Gestaltung:

Sportreporter bedienen sich oft vieler sprachlicher Bilder, um einen Vorgang auf dem Sportplatz oder Spielfeld anschaulich zu beschreiben. Mit dieser Sprache sollen Emotionen erzeugt und Interesse geweckt werden.

Sportberichte können im Deutschunterricht aufgegriffen werden, indem

➡ Berichte auf verwendete sprachliche Bilder hin untersucht werden.

➡ sprachliche Bilder in Alltagssprache übersetzt werden.

➡ typisches Vokabular für Sportberichte zusammengestellt wird.

➡ zu einem aktuellen Sportereignis oder einem Situationsfoto ein Bericht unter Verwendung des besonderen Sprachstils verfasst wird.

Variation:

Anstatt einen Bericht zu verfassen, kann die Verwendung des speziellen Vokabulars auch in Form einer gespielten Radio- bzw. TV-Reportage erprobt werden.
Die Redewendungen können nicht nur erklärt, sondern auch im Rahmen eines Ratespieles pantomimisch dargestellt werden.

Typisches Vokabular:

intervenieren, absolvieren, agieren, scoren, weichen, offensiv, defensiv, nageln, auflaufen, Sieg einfahren, einschenken, agieren, deklassieren, parieren, abschließen, Favorit, Resultat, Linie, Topform, Element, Hammer, Hochspannung, Faktoren, sensationell, direkt, systematisch, feurig, clever, effektiv, zwingend, stählern, hauchdünn, durchschlagend, bravourös, aggressiv, locker, komfortabel, Strafraum, Pokalspiel, Länderspiel, Stadion, Korb, Fans, Ränge, Tribüne, dribbeln, Fallrückzieher, Anpfiff, Foul, Wurf, Verlängerung, Auswechselspieler, Startschuss, taktieren, Strategie, Abstoß, Rasen, Keeper, Bank, Trainer, Trickot, Freiwurf, Freistoß

Name: ______________________ Datum: ______________

KV

Sportreporter haben ihre eigene Sprache

➡ Lies dir den Text genau durch. Unterstreiche alle sprachlichen Bilder und Redewendungen.

> Die Heimmannschaft gab jetzt alles und rannte kopflos an, aber der Abwehrriegel der Gäste ließ nichts zu. Lange Phasen ließ man ein fantasievolles Spiel vermissen. Eine große Chance ergab sich, als der Stürmer doch einmal wieder seinen Zug aufs Tor unter Beweis stellte und den Gegner schwindelig spielte. Er zog den Ball an der Mauer vorbei auf den langen Pfosten. Auch in einer weiteren Szene konnte er brillieren. Ein langer Ball kam auf die Nummer 9, der stürmte am ersten Verteidiger vorbei, spielte dem zweiten Mann Knoten in die Beine und zog knallhart ab. Der Torwart im gegnerischen Kasten machte sich lang, aber das runde Leder schlug ins kurze Eck ein. Da guckte der Torwart dumm aus der Wäsche.

➡ Versuche, den eigentlichen Vorgang in Alltagssprache neu zu formulieren.

Katrin Wemmer: Bravo & Co. – Jugendzeitschriften im Deutschunterricht

Name: ______________________ **Datum:** ______________ **KV**

Sportreporter haben ihre eigene Sprache

➡ Lies dir den Spielbericht genau durch. Unterstreiche alle für Sportberichte typischen Vokabeln (Nomen, Verben und Adjektive).

> Der Regionalligist formierte eine massive Deckung und vor der Viererkette bauten sich Boll/Schultz auf, wobei Boll als Manndecker die Kreise von Ballack einengen sollte, Schultz verschob sich je nach Situation. In der Offensive hatte Meggle alle Freiheiten, die einzige Spitze Luz wurde wechselweise von Mazingu-Dinzey und Scharping unterstützt. Aus Münchens Viererkette versuchten Sagnol und Lahm, über die Außen Druck zu machen, das eröffnete Schweinsteiger die Möglichkeit, nach innen zu ziehen. Die Hamburger suchten von Beginn an ihre Chance mit großem Einsatz, störten früh, verwickelten die Münchner in Zweikämpfe und zwangen sie zu Fehlern. Die Bayern nahmen den Kampf auf und waren sehr präsent. Nach der frühen Führung zog sich der Bundesligist etwas zurück, nahm das Tempo heraus und versuchte, die Partie routiniert zu Ende zu spielen. St. Pauli wurde mutiger und kam über den Kampf zu Chancen. Mit hohem läuferischem Einsatz schuf St. Pauli ein optisches Übergewicht und schnürte die Bayern teilweise ein. Tapfere Hamburger lieferten einen grandiosen Pokalfight und wurden unter Wert geschlagen.

Neben sprachlichen Bildern werden in Sportreportagen häufig Redewendungen benutzt.

➡ Versuche, die unten aufgelisteten Redewendungen mit eigenen Worten wiederzugeben und zu erklären.

mit langem Bein	in die Parade fahren
in Richtung Tor abdrücken	mit allen Wassern gewaschen sein
den Ball an den Pfosten hämmern	… donnert mit dem Hammer auf …
Bielefeld bekam Übergewicht.	die Nase vorn haben
das Ergebnis höher schrauben	Der Ball wurde immer länger.

Diktat an Stationen

✓ **Zeit:** 3–4 Unterrichtsstunden

✓ **Material:** Stationsplan, Stationsarbeitsblätter

✓ **Vorbereitung:** Arbeitsblätter in Ablagefächern in der Klasse verteilen oder eine „Lerntheke" aufbauen.

Lernziele:

- Lernwörter regelgerecht schreiben
- bei der Schreibung ungeübter Wörter Rechtschreibregeln beachten
- selbstständige Arbeit an Stationen

Didaktisch-methodische Gestaltung:

Der Diktattext fügt sich in die Unterrichtsreihe ein und fasst in groben Zügen die Ergebnisse der Unterrichtsreihe zusammen. Der Text hat also eine Bedeutsamkeit für die Schülerinnen und Schüler und stellt neben der Vorbereitung auf das Diktat eine Möglichkeit der Ergebnissicherung und Festigung der Inhalte dar. Die Schülerinnen und Schüler sollen sich den Diktattext bzw. die Lernwörter selbstständig und ihrem individuellen Lerntempo entsprechend erarbeiten. Dies ist im Rahmen eines Stationsverfahrens am besten umzusetzen.

Die Arbeitsaufträge sind so gestaltet, dass die Schülerinnen und Schüler diese selbstständig erarbeiten können. Unter Umständen bietet es sich auch an, die einzelnen Stationen im Rahmen eines kleinen Rundgangs bekannt zu machen. Jeder Schüler und jede Schülerin erhält einen Stationsplan, auf dem die bereits bearbeiteten Stationen festgehalten werden. Auf dem Stationsplan ist auch zu erkennen, welche der Stationen Pflichtstationen sind, die auf jeden Fall bearbeitet werden müssen Ⓟ. Zudem gibt es drei Zusatzübungen, für die kein spezielles Material benötigt wird und die man beliebig oft (auch wenn noch nicht alle anderen Stationen erledigt wurden) durchführen kann. Die Arbeitsblätter sollten in einer Mappe gesammelt werden. Wurden Stationen bearbeitet, können diese auf dem Laufzettel abgezeichnet bzw. -gestempelt werden. Dadurch haben die Schülerinnen und Schüler eine Übersicht und Kontrolle über ihre eigene Arbeit. Nicht beendete Arbeiten sollten ebenfalls in der Mappe gesammelt und beim nächsten Mal als Erstes bearbeitet werden.

Diktattext

KV

Zeitschriften

Es gibt viele verschiedene Zeitschriften für Jugendliche. In diesen Zeitschriften findet man unterschiedliche Berichte. Oft erfährt man in diesen Berichten etwas über aktuelle Stars oder Bands. In den meisten Zeitschriften gibt es von diesen Stars große Poster. Englische Liedtexte werden übersetzt, damit man sie besser verstehen kann. Manchmal wird aber auch über ganz normale Jugendliche und deren Leben berichtet. Wenn man ein Problem hat, kann man einen Brief an diese Zeitschriften schreiben. Das Beratungsteam der Zeitschrift gibt dann Tipps, wie man das Problem lösen könnte. Da die Zeitschriften nur von Jugendlichen gelesen werden, gibt es auch nur Werbung für Produkte, die von Jugendlichen gekauft werden. Die meiste Werbung gibt es für Handy-Logos und Klingeltöne.

Diktatvorbereitung

KV

Laufzettel

✓

Übung 1 Ⓟ	**Hauptwörter unterstreichen**	
Übung 2 Ⓟ	**Knickdiktat**	
Übung 3	**Buchstabengitter**	
Übung 4 Ⓟ	**Lückentext**	
Übung 5 Ⓟ	**Lückenwörter**	
Übung 6 Ⓟ	**Buchstabenschlangen**	
Übung 7	**Chaoswörter**	

Für diese Übungen brauchst du keine Arbeitsblätter:

Zusatzübung 1	**Partnerdiktat**	
Zusatzübung 2	**Text von Übung 1 abschreiben**	
Zusatzübung 3	**Jedes Wort von Übung 5 in einer Reihe ins Heft schreiben**	

Zeitschriften

Es gibt viele verschiedene Zeitschriften für Jugendliche. In diesen Zeitschriften findet man unterschiedliche Berichte. Oft erfährt man in diesen Berichten etwas über aktuelle Stars oder Bands. In den meisten Zeitschriften gibt es von diesen Stars große Poster. Englische Liedtexte werden übersetzt, damit man sie besser verstehen kann. Manchmal wird aber auch über ganz normale Jugendliche und deren Leben berichtet. Wenn man ein Problem hat, kann man einen Brief an diese Zeitschriften schreiben. Das Beratungsteam der Zeitschrift gibt dann Tipps, wie man das Problem lösen könnte. Da die Zeitschriften nur von Jugendlichen gelesen werden, gibt es auch nur Werbung für Produkte, die von Jugendlichen gekauft werden. Die meiste Werbung gibt es für Handy-Logos und Klingeltöne.

➡ Unterstreiche alle Hauptwörter im Text und schreibe sie unten mit ihrem Begleiter auf. Du brauchst jedes Wort nur einmal zu schreiben.

Knickdiktat

Knicke das Blatt an der ersten gestrichelten Linie. Lies dir das erste Wort durch und knicke dann das Blatt so um, dass du die Wörter nicht mehr siehst. Schreibe jetzt das Wort aus dem Kopf auf. Schreibe das Knickdiktat dreimal.

Zeitschriften			
manchmal			
verschiedene			
Jugendliche			
unterschiedliche			
erfährt			
aktuelle			
Berichte			
Werbung			
übersetzt			
Produkte			
Liedtexte			
verstehen			

Buchstabengitter

Suche die Übungswörter im Buchstabengitter und kreise sie ein.
Ein Wort bleibt übrig.

Q	W	B	E	V	E	R	S	T	E	H	E	N
T	Z	E	U	E	I	O	T	P	Ü	A	A	M
S	D	R	F	R	G	H	A	L	J	K	L	A
Z	E	I	T	S	C	H	R	I	F	T	E	N
Y	X	C	V	C	B	N	S	E	M	U	X	C
Q	W	H	C	H	R	T	Z	D	H	E	V	H
C	W	T	T	I	P	P	S	T	X	L	Y	M
S	E	E	W	E	Q	J	K	E	Z	L	P	A
Ö	R	Q	X	D	Y	C	V	X	J	E	O	L
K	B	Ä	W	E	Q	Y	X	T	C	V	S	B
J	U	G	E	N	D	L	I	C	H	E	T	J
W	N	Q	Y	E	X	C	V	B	N	M	E	K
L	G	E	L	E	S	E	N	R	W	Q	R	Y

verschiedene
Zeitschriften
Jugendliche
Werbung
verstehen
Berichte
manchmal
Problem
gelesen
aktuelle
Liedtext
Tipps
Stars
Poster

Lückentext

Setze die passenden Wörter in den Lückentext ein.

Zeitschriften

Es gibt viele ______________ Zeitschriften für ______________. In diesen ______________ findet man ______________ Berichte. Oft erfährt man in diesen ______________ etwas über ______________ Stars oder Bands. In den ______________ Zeitschriften gibt es von diesen Stars ______________ Poster. Englische ______________ werden ______________, damit man sie besser ______________ kann. Manchmal wird aber auch über ganz ______________ Jugendliche und deren ______________ berichtet. Wenn man ein ______________ hat, kann man einen ______________ an diese Zeitschriften schreiben. Das ______________ der Zeitschrift gibt dann ______________, wie man das Problem ______________ könnte. Da die Zeitschriften nur von Jugendlichen ______________ werden, gibt es auch nur Werbung für ______________, die von Jugendlichen ______________ werden. Die meiste ______________ gibt es für Handy-Logos und ______________.

Diese Wörter müssen eingesetzt werden:

verschiedene, unterschiedliche, meisten, verstehen, Problem, gekauft, Zeitschriften, übersetzt, Klingeltöne, gelesen, Produkte, Jugendliche, große, Berichten, Tipps, Werbung, aktuelle, normale, Leben, Beratungsteam, lösen, Brief, Liedtexte

Lückenwörter

Setze in die Übungswörter die richtigen Buchstaben ein und schreibe das Wort dann noch einmal dahinter.

Z_____tschr_____en ☞ ______________________

_____ersch_____dene ☞ ______________________

Juge_____li_____e ☞ ______________________

u_____ersch_____liche ☞ ______________________

erf_____rt ☞ ______________________

akt_____lle ☞ ______________________

mei_____en ☞ ______________________

Beri_____e ☞ ______________________

en_____ische ☞ ______________________

überse_____t ☞ ______________________

ma_____mal ☞ ______________________

Liedt_____e ☞ ______________________

Ber_____ungst_____m ☞ ______________________

verst_____en ☞ ______________________

We_____ung ☞ ______________________

P_____blem ☞ ______________________

K_____ngelt_____e ☞ ______________________

P_____ster ☞ ______________________

Prod_____e ☞ ______________________

Buchstabenschlangen

Suche die Übungswörter aus den Buchstabenschlangen heraus und schreibe sie auf. Achte auf die Groß- und Kleinschreibung. Schreibe bei Hauptwörtern den Begleiter dazu.

RSKZEITSCHRIFTENKJVERSCHIEDENEUTTIPPSTRZBERICHTEZT

TZUNTERSCHIEDLICHEKOÜBERSETZTÄFPOSTERVBNAKTUELLEX

GFMANCHMALHJJUGENDLICHEÖLAVERSTEHENCVBPRODUKTEG

KRTWERBUNGUZTBERATUNGSTEAMITZGELESENOPLPROBLEMQ

ZRTERFÄHRTHRKZMEISTENÄÖLENGLISCHEPLKLINGELTÖNEVFR

OKHLIEDTEXTEASDGEKAUFTUERTNORMALEÜRTUISTARSNERÜIL

Chaoswörter

Schreibe den Diktattext ab. Bringe dazu die Buchstaben in den Kästchen in die richtige Reihenfolge.

Zeitschriften

Es btgi viele schvereneied riftZenscheit für geJuchedlin. In diesen Zriftscheiten findet man schiedunlichtere Berichte. Oft rtfäher man in diesen riBetench etwas über eltuakle aStrs oder nBads. In den smeitne riftZenscheit gibt es von diesen aStrs große sPoter. gliEnesch dLietetex werden seterübzt, damit man sie besser stvereneh kann.

chMamanl wird erab auch erüb ganz mnorale geJuchedlin und rdeen Leben richbetet. Wenn man ein lembPro hat, nkan man einen ieBrf an diese Zriftscheiten schreiben. Das ratteaungsBem der tschZeirift gibt dann psTip, wie man das lembPro slöen könnte.

Da die Zriftscheiten nur von geJuchnedlin legesen werden, gibt es auch nur buWerng für dukProte, die von geJuchnedlin kaugeft werden. Die stmeie buWerng gibt es für Handy-Logos und negelKlintö.

SMS-Stil

Manchmal gibt es in Zeitschriften die Aufforderung, besonders witzige, romantische oder coole SMS zu schicken, die dann veröffentlicht werden. Mitunter ist die Aufgabenstellung auch, möglichst viel Inhalt mit möglichst wenig Zeichen „rüberzubringen“.
Dies bietet die Möglichkeit, eine der aktuell gängigsten Verständigungsformen der Jugendlichen im Unterricht zu thematisieren. Es lassen sich vielfältige Aspekte der Jugendsprache in Verbindung mit der SMS-Sprache thematisieren. Abkürzungen können übersetzt (hdl = hab dich lieb) und verbunden mit den Abkürzungen der Einfluss der englischen Sprache dokumentiert werden (4u2 = für dich auch; gn8 = gute Nacht).
Im Rahmen eines Unterrichtsgespräches kann die Übertragung der verkürzten (SMS-)Sprache auf die Umgangssprache sowie die Auswirkung von SMS auf die Kommunikation (Förderung von Unverbindlichkeit) thematisiert werden.

Trendwörter

Artikel unterschiedlicher Zeitschriften können auf Trendwörter und -formulierungen hin untersucht werden.

Möglichkeiten der Auseinandersetzung könnten sein:
- Ausdrücke und Begriffe übersetzen bzw. eine neue Formulierung finden
- Lexikon der Jugendsprache erstellen
- vorhandene Lexika der Jugendsprache auf Aktualität hin untersuchen
- unterschiedliche Sprachstile in unterschiedlichen Zeitschriften

Politische Korrektheit in der Sprache

Viele Ausdrücke und die damit verbundenen Assoziationen beim Hörer bzw. Intentionen beim Sprecher haben einen Wandel durchlaufen. Die Forderung nach korrektem und rücksichtsvollem Verhalten allen Menschen gegenüber (Stichwort: Political Correctness), drückt sich auch in der Sprache aus.
Texte in Zeitschriften können auf politisch korrekte Ausdrücke hin untersucht und gegebenenfalls mit älteren Artikeln und deren Sprachgebrauch verglichen werden. In Unterrichtsgesprächen kann die Wirkung unterschiedlicher Ausdrücke und deren Eingang in die Alltagssprache thematisiert werden („Alte“ oder „Senioren“? „Schokokuss“?).

✓ **Zeit:** 1–2 Unterrichtsstunden
✓ **Material:** diverse Poster, buntes Tonpapier, Scheren, Kleber
✓ **Vorbereitung:** Posterauswahl treffen

Lernziele:

- Bilder verfremden
- kreativer Umgang mit Bildmaterial

Didaktisch-methodische Gestaltung:

In vielen Jugendzeitschriften sind Star-Fotorätsel zu finden. Für Gewinnspiele oder einfach nur zum Vergnügen erstellen viele Zeitschriften Fotorätsel, bei denen die Leser herausfinden sollen, um welchen Star es sich auf dem Foto handelt. Meistens sind die Fotos der Stars mit Bildverarbeitungsprogrammen verfremdet worden. Aber auch ohne eine solche Software kann man mithilfe verschiedener Techniken Star-Fotorätsel „per Hand" herstellen.

Variante 1:

Das Poster eines Stars wird in möglichst gleich große Streifen geschnitten, die nicht zu dünn sein sollten (mind. 3 cm). Die Streifen werden jetzt in einer anderen Reihenfolge angeordnet (aber nicht gedreht!) und auf das farbige Tonpapier geklebt.

Variante 2:

Es wird ähnlich vorgegangen wie bei Variante 1, jedoch werden zwei verschiedene Starposter in gleich große Streifen geschnitten. Die Streifen werden gemischt und es entstehen zwei Star-Fotorätsel. Dies kann natürlich auch mit drei verschiedenen Starpostern gemacht werden. Bei der Auswahl der Bilder sollte darauf geachtet werden, dass die Gesichter in etwa gleich groß sind und aus einer ähnlichen Perspektive aufgenommen wurden.

Variante 3:

Das Starposter wird bei dieser Variante nicht in Streifen, sondern in gleich große Quadrate geschnitten. Hierbei sollten die Ausschnitte allerdings etwas vergrößert werden (Kantenlänge mind. 4 cm). Beim Zusammenkleben der Quadrate ist darauf zu achten, dass die einzelnen Teile nicht gedreht werden (was oben war, soll auch oben bleiben).

Posterkunst I: Pop Art im Stil von Andy Warhol

✓ **Zeit:** 1–2 Unterrichtsstunden

✓ **Material:** diverse Posterkopien, Wasserfarben und Pinsel, farbiges Tonpapier, Folienstifte

✓ **Vorbereitung:** Poster auf DIN A4 oder DIN A5 verkleinern; Poster so kopieren, dass möglichst alle Grauwerte verschwinden; Kopierer sollte nicht zu dunkel eingestellt werden.

Lernziele:

- Lasurtechnik kennenlernen und anwenden
- Farben als Element der Verfremdung einsetzen
- Farben kontrastreich einsetzen
- Farben mischen

Didaktisch-methodische Gestaltung:

Das Portrait von Marilyn Monroe in der Verfremdung durch Andy Warhol kann als Einstieg gezeigt werden. Ebenso können 4 verkleinerte Schwarzweißfotos eines Stars auf eine OHP-Folie gezogen und zunächst gemeinsam mit den Schülerinnen und Schülern mit Folienstiften angemalt werden.
Für das Unterrichtsprojekt wird nicht auf die ursprünglich von Andy Warhol verwendete Siebdrucktechnik zurückgegriffen, da Zeit- und Materialaufwand zu hoch wären. Stattdessen sollten verschiedene Starposter in mehrfacher Ausführung kopiert werden, damit Motivreihen (von 4 bis 6 Bildern) hergestellt werden können.
Jede Schülerin und jeder Schüler benötigt 4–6 Kopien seines Lieblingsstars bzw. des Stars, zu dem er die Bilderserie anfertigen möchte. Die Kopien werden zunächst in unterschiedlichen Farben lasiert. Der transparente Farbauftrag sollte gegebenenfalls vorher geübt werden.
Wenn die Farbe trocken ist, werden Details des Gesichtes in kräftigen Farben gestaltet. Eine Abmischung der Farben mit Deckweiß bietet sich bei manchen Farben an. Es sollen nur wenige markante Punkte des Gesichtes nachkoloriert werden und das Gesicht sollte so gestaltet werden, dass es noch zu erkennen ist.
Die fertigen Bilderserien werden auf farbiges Tonpapier (Farbe sollte möglichst kräftig und kontrastierend zu den gewählten Portraitfarben sein) geklebt und können ausgestellt werden.

Information:

Ein bekanntes Motiv von Andy Warhol ist Marilyn Monroe. Ursprünglich stellte er seine Motive im Siebdruckverfahren her, um möglichst viele Bilder in kurzer Zeit herstellen zu können.

Posterkunst II: Kubistische Stars im Stil von Picasso

✓ **Zeit:** 1–2 Unterrichtsstunden
✓ **Material:** diverse Poster, Scheren, Kleber, Papier in DIN A3
✓ **Vorbereitung:** gegebenenfalls Beispiele kubistischer Malerei mitbringen

Lernziele:

- Kubismus als Kunstrichtung kennenlernen
- Merkmale des Kubismus herausfinden
- Erstellen eines kubistischen Starportraits anhand der erarbeiteten Merkmale

Didaktisch-methodische Gestaltung:

Zur Einstimmung können kubistische Portraits betrachtet und Merkmale des Kubismus benannt werden.
Die Schülerinnen und Schüler wählen ein Poster aus, das sie in Dreiecksformen zerschneiden. Diese sollten jedoch nicht zu klein ausfallen (ca. 4 cm Kantenlänge). Die Teile werden auf dem Blatt so angeordnet, dass die Positionen der einzelnen Gesichtsteile erhalten bleiben. Es können sich Teile sowohl überschneiden, als auch Lücken bilden. Im günstigsten Fall sollte das Portrait noch zu erkennen sein, d. h. markante Elemente des Gesichtes sollten sich möglichst nicht überlappen und so verdeckt werden.
Werden die Bildteile „auf Lücke“ geklebt, sollte der noch weiße Hintergrund ausgemalt werden. Große Flächen sollten nochmals unterteilt werden und es sollten möglichst nur Farben verwendet werden, die im Poster vorhanden sind.

Variation:

In Partnerarbeit können zwei Starposter zu einem kubistischen Portrait zusammengefügt werden.

Information:

Pablo Picasso revolutionierte 1907 die moderne Kunst. Gemeinsam mit Georges Braque entwickelte er den Kubismus. Ein Kritiker schrieb zu einer Ausstellung von Braque: „Er missachtet die Form, reduziert alles auf geometrische Formen.“ Der Kubismus versucht, verschiedene Perspektiven in einem Bild darzustellen. Deshalb entsteht eine Verzerrung. Portraits im Stil des Kubismus sind in viele geometrische Formen (meist Dreiecke) zerlegt. Die einzelnen Teile liegen scheinbar ungeordnet, Positionen bleiben jedoch erhalten. Die Stirn ist also nie unter dem Kinn, o. Ä.

Titelseite gestalten

Die Elemente einer Titelseite sollten benannt und ihre Funktion erarbeitet werden. Im Anschluss können die Schülerinnen und Schüler die gewonnenen Erkenntnisse in der Gestaltung einer eigenen Titelseite umsetzen. Gegebenenfalls können die Titelfotos auch selbst fotografiert werden und jede Schülerin und jeder Schüler ist das Covergirl bzw. der Coverboy der eigenen Titelseite.

Werbeseite gestalten

Die Schülerinnen und Schüler sollen die erarbeiteten Elemente einer Werbeseite in einer eigenen Produktion umsetzen und die Auswahl der Elemente begründen.

Star-Collage zusammenstellen

Fotos aus den Zeitschriften können zu einer personen- oder themengebundenen Collage zusammengestellt werden.

Mut zur Hässlichkeit

Fotos von Stars können mithilfe von schwarzen Filzstiften und durch den Einsatz karikaturistischer Elemente verfremdet werden.

Keine halben Sachen

Starfotos (möglichst Portraits, bei denen der Star frontal in die Kamera blickt) werden der Länge nach durchgeschnitten. Eine Gesichtshälfte wird auf ein Blatt Papier geklebt und kann jetzt durch eine Bleistift- oder Kohlezeichnung wieder vervollständigt werden.

Dr. Sommer oder Ich weiß, dass ich nichts weiß

✓ **Zeit:** 2–3 Unterrichtsstunden

✓ **Material:** diverse Artikel der Beratungsseiten zum Thema Sexualität

✓ **Vorbereitung:** Leserbriefe ohne Antworten auf der Kopiervorlage zusammenstellen

Lernziele:

- ausgehend von Vorerfahrungen mit Teilaspekten der Sexualität auseinandersetzen

Didaktisch-methodische Gestaltung:

Im Rahmen dieser Materialsammlung kann keine komplette Unterrichtsreihe zum Thema Sexualerziehung angeboten werden. Es sollen hier nur Möglichkeiten aufgezeigt werden, mithilfe der in den Jugendzeitschriften formulierten Themen, Sexualerziehung fächerübergreifend in den Unterricht einzubeziehen.

Sexualerziehung sollte durchweg in allen Klassenstufen nach wie vor ein Thema sein. Sie darf keine einmalige „Aktion" pünktlich zur ersten Menstruation oder Ejakulation sein. Jugendliche sollten dauerhaft in ihrer Sexualität begleitet werden. In der Regel werden Jugendliche durch die Medien schon sehr früh mit dem Thema Sexualität konfrontiert und halten sich überwiegend für aufgeklärt. Oftmals kursieren jedoch viele Halbwahrheiten oder sogar Unwahrheiten, die sich nur in „Wissen" umwandeln lassen, wenn man eine offene Atmosphäre schafft, in der Fragen möglich sind. Hierbei ist es auch wichtig, eine angemessene Sprache mit entsprechenden Begrifflichkeiten einzuüben, damit ohne falsche Scham auf sachlicher Ebene über das Thema gesprochen werden kann.

Viele Texte der Jugendzeitschriften und die abgedruckten Beratungsbriefe sind eine gute Grundlage für vertiefende Gespräche und Unterrichtssequenzen. Die Schülerinnen und Schüler können sich mit den Problemen und Unsicherheiten identifizieren und trauen sich so eher, eigene Fragen zu formulieren.

Wenn verschiedene Leserbriefe zum Thema Sexualität auf einer Kopiervorlage zusammengestellt werden (Antworten herausnehmen!), können die Schülerinnen und Schüler sich im Unterrichtsgespräch oder in Kleingruppen mit den Fragestellungen zum Thema Sexualität sachlich auseinandersetzen, indem sie versuchen, einen Antwortbrief zu formulieren (ähnlich wie bei der Sequenz „Leserbriefe"). Um die Fragen zu beantworten, müssen sie sich mit dem bereits erworbenen Fachwissen zum Thema Sexualität auseinandersetzen oder sich eigenständig (z. B. im Internet, in Beratungsbroschüren und Fachbüchern) Informationen beschaffen. Die Thematisierung der Beratungsseiten der Jugendzeitschriften bietet einen guten Einstieg in die reine Informationsvermittlung bzw. -auffrischung oder Vertiefung bereits erarbeiteter Inhalte.

Neben der theoretischen Behandlung des Themas könnten sich Unterrichtseinheiten, z. B. zum Thema Verhütung, anschließen und ein Unterrichtsgang zu Pro Familia oder einer anderen Beratungsstelle geplant werden.

Information:

Auf der Internetseite www.loveline.de der Bundeszentrale für gesundheitliche Aufklärung (BzgA) wird mit den sogenannten sexuellen Halbwahrheiten „aufgeräumt". Es gibt spezielle Themenseiten für Jungen und Mädchen, jede Menge Informationen und Chats, um Jugendlichen einen Informationsaustausch zu ermöglichen.

Aber die anderen haben schon ...

✓ **Zeit:** 1–2 Unterrichtsstunden

✓ **Material:** diverse Artikel der Beratungsseiten zum Thema Sexualität

✓ **Vorbereitung:** Leserbriefe ohne Antworten auf der Kopiervorlage zusammenstellen

Lernziele:

Rollenbilder und Erwartungshaltungen analysieren und kritisch reflektieren

Didaktisch-methodische Gestaltung:

Die Beratungsseiten sind in vielen Zeitschriften, vor allem in denjenigen, die sich hauptsächlich an die weiblichen Leser richten, ein zentrales Element. Aber auch in Foto-Love-Storys und auf Seiten wie „Deine romantischste Urlaubsstory" werden die Aspekte Beziehung, Sexualität und Erotik aufgegriffen. Natürlich kommen die Zeitschriften damit dem Wunsch vieler Jugendlicher nach, mehr über Sexualität zu erfahren. Durch den Versuch und das Bemühen vieler Beratungsteams, die ein neutrales Gegenüber darstellen, eine sexuelle Offenheit zu suggerieren, wird jedoch häufig ein zusätzlicher Leistungsdruck erzeugt.
Im Rahmen einer Analyse der Beratungsseiten unter diesem Gesichtspunkt sollten die Rollenbilder und Lebenseinstellungen, die dem Leser bzw. der Leserin suggeriert werden, differenziert und eingehend betrachtet werden.
Eine Pro- und Kontra-Diskussion bietet sich als eine Möglichkeit der Umsetzung im Unterricht an. Die Schülerinnen und Schüler sollten dazu angeregt werden, sich offen (gegebenenfalls anonym) über die Wirkung der Themen und Ratschläge auf sie selbst zu äußern und sie im Hinblick auf eine mögliche Beeinflussung der eigenen Einstellung zur Sexualität bewerten.

Variation:

Zeitschriften sollen im Hinblick auf die (auch unterschwellige) Thematisierung von Sexualität und Erotik hin untersucht und verglichen werden.
Anhand von verschiedenen Berichten in unterschiedlichen Zeitschriften sollen die Schülerinnen und Schüler die Rolle, die Frauen, Männer und ihre Sexualität in der Gesellschaft spielen, untersuchen und mit ihren eigenen Erfahrungen und Meinungen darüber vergleichen.

5. Literaturverzeichnis

Bamberger, Richard (2000): Erfolgreiche Leseerziehung in Theorie und Praxis. Baltmannsweiler: Schneider.

Baumert, Jürgen u. a. (Hrsg.) (2001): Deutsche PISA-Konsortium: PISA 2000. Basiskompetenzen von Schülerinnen und Schülern im internationalen Vergleich. Opladen: Leske & Budrich.

Forschungsdienst Lesen und Medien Nr. 25 (2004): Beste Noten für „Zeitschriften in die Schulen". Ergebnisse der wissenschaftlichen Befragung zur bundesweiten Kampagne. In: Forum lesen 54, S. 8–9.

Franz, Kurt (2002): Lese- und Medienverhalten von Schülerinnen und Schülern der 8. Jahrgangsstufe. Ausgewählte Ergebnisse einer empirischen Untersuchung in vier Bundesländern. In: Kurt Franz und Franz-Josef Payrhuber (Hrsg.): Lesen heute. Baltmannsweiler: Schneider.

Kernlehrplan für die Gesamtschule in NRW (2004): Deutsch. Ministerium für Schule, Jugend und Kinder des Landes Nordrhein-Westfalen.

Kernlehrplan für das Gymnasium in NRW (2004): Deutsch. Ministerium für Schule, Jugend und Kinder des Landes Nordrhein-Westfalen.

Kernlehrplan für die Realschule in NRW (2004): Deutsch. Ministerium für Schule, Jugend und Kinder des Landes Nordrhein-Westfalen.

Payrhuber, Franz-Josef (2002): Thesen zur Leseförderung. In: Kurt Franz und Franz-Josef Payrhuber (Hrsg.): Lesen heute. Baltmannsweiler: Schneider.

Richtlinien und Lehrpläne für die Sekundarstufe I Gesamtschule (1999): Naturwissenschaften: Physik, Chemie, Biologie. Ministerium für Schule, Wissenschaft und Forschung des Landes Nordrhein-Westfalen.

Schuster, Karl (2003): Einführung in die Fachdidaktik Deutsch. Baltmannsweiler: Schneider.

Steitz-Kallenbach, Dr. Jörg (o. J.): Werkstatt Leseförderung an der Carl von Ossietzky Universität Oldenburg. In: www.steitz-kallenbach.de (1. 2. 2007).

Stiftung Lesen (Hrsg.) (2001): Leseverhalten in Deutschland im neuen Jahrtausend. Eine Studie der Stiftung Lesen. Mainz und Hamburg: Stiftung Lesen und Spiegel Verlag.

Weiterführende Literatur:

Baake, Dieter/Laufer, Jürgen (1994): Nicht nur schöner Schein – Kinder- und Jugendzeitschriften in Deutschland. Bielefeld: GMK.

Baumgärtner, Alfred (o. J.): Die Kinder- und Jugendzeitschrift. Frankfurt am Main: Deutsches Jugendschriftenwerk.

Gärtner, Hans (1977): Kinder- und Jugendzeitschrift. In: Doderer, Klaus (Hrsg.): Lexikon der Kinder- und Jugendliteratur. Band 2. Weinheim und Basel: Beltz, S. 165–170.

Heitz, Uwe (1998): Titelanalyse der aktuellen Wochenmagazine Der Spiegel, Focus, Stern. In: Magazinqualität – Leserqualität. Herausgegeben von der Stiftung Lesen und dem Spiegel-Verlag. Mainz und Hamburg: Schriftenreihe „Lesewelten" Band. 1, S. 23–55.

Lindgens, Monika (1980): Kommerzielle und nichtkommerzielle Jugendpresse in der Bundesrepublik Deutschland. In: Media Perspektiven 5, S. 289–298.

Meier, Bernhard (1989): Was machen mit Jugendzeitschriften? Plädoyer für eine handlungsorientierte Mediendidaktik in der Hauptschule. In: Ipfling, Heinz-Jürgen (Hrsg.) Leseerziehung an Grund- und Hauptschulen. München: Domino.

Presse-Portraits (2003): Deutschlands Pressesortiment auf einen Blick. Frühjahr 2003. Hamburg: Presse Fachverlag.

Schmerl, Christiane (1984): Das Frauenbild in den Medien. Wiesbaden: VS-Verlag.

Verband der Zeitschriftenverlage in Bayern (2002): Zeitschriften im Unterricht. Medienkundliches Handbuch. Aachen: Hahner Verlagsgesellschaft.

Vogel, Andreas (1996): Die Leserschaft der populären Jugendpresse. In: Media Perspektiven 1, S. 18–29.